Mejor Sola Que Mal Acompañada

For the Latina in an Abusive Relationship

Para la Mujer Golpeada

Myrna M. Zambrano

Bilingual Edition
Edición Bilingüe

Seal Press

New Leaf Series

Library of Congress Cataloging-in-Publication Data
Zambrano, Myrna M.
   Mejor sola que mal acompañada.
   English and Spanish.
   Bibliography: p.
   1. Family violence—United States—Case studies.
2. Latin Americans—Case studies.   3. Abused wives—
Services for—United States.   I. Title.
HQ8093.U5Z36   1985   362.8′2   85-18255
ISBN 0-931188-26-1

The cover motif is from *Design Motifs of Ancient Mexico* by Jorge Enciso,
© 1953 by Dover Publications, Inc.

Cover and book design by Rachel da Silva and Faith Conlon.

Distributed to the trade by Publishers Group West
Foreign Distribution:
In Canada: Publishers Group West Canada, Montreal West, Canada
10   9   8   7   6

Agradecimientos

Mis sinceras gracias les doy a las mujeres del New Haven Proyecto Para Mujeres Golpeadas en New Haven, Connecticut, especialmente a Cindy Rochelle, Luz Fuentes, Margarita Ayala, y Sofie Turner, quienes me dieron la instrucción, el cuidado, y el cariño que cultivaron el deseo en mí para ayudar a mujeres víctimas del abuso.

Varias mujeres contribuyeron mucho de su tiempo y energía repasando a *Mejor Sola Que Mal Acompañada*. Muchas gracias a Margi Clarke, Susan Crane, Ginny NiCarthy, Beth Richie-Bush, Elsa Ríos, Rita Romero, Isabel Safora, y María Zavala por su perspicacia, ánimo y atención crítica. Susan Crane fue especialmente generosa en compartir sus conocimientos para clarificar el material legal del libro.

Gracias a Yvonne Yarbro-Bejarano por su trabajo en editar la versión en español, y a Susan Montez por sus magníficos esfuerzos para facilitar la tipografía de *Mejor Sola*.

Estoy profundamente obligada a mis editoras del Seal Press, Faith Conlon y Barbara Wilson, quienes creyeron tanto en mí para darme esta oportunidad. Su dedicación a latinas y a mujeres golpeadas hizo este trabajo posible.

Mi esposo, Charles H. Elster, se merece mucho agradecimiento por su increíble cariño y apoyo. Su crítica, ayuda en editar, (y su acceso a una computadora) fueron indispensables, llevándome a creer que podía escribir *Mejor Sola Que Mal Acompañada,* hasta terminar el libro.

Finalmente, les doy las gracias a mis padres por haber considerado una crianza bilingüe y bicultural de mayor importancia. Ha sido una gran ventaja para mí poder leer y escribir el inglés y el español, poder respetar las tradiciones de México y las maneras de los Estados Unidos. Solamente puedo darles gracias a ellos por haberme dado esta habilidad.

Nunca ha sido fácil encontrar una identidad entre dos fuerzas culturales; es trabajo para la primera generación de cualquier grupo étnico. *Mejor Sola Que Mal Acompañada* es un prototipo de lo que una crianza bilingüe y bicultural puede contribuir. Con él espero empezar a cerrar la abertura que existe entre latinas que necesitan información sobre la violencia doméstica y los recursos disponibles para muchas otras mujeres.

Prefacio

Empecé a trabajar con mujeres golpeadas cuando era estudiante en la Universidad de Yale. En ese tiempo yo no creía que conocía a mujeres que eran golpeadas por sus esposos o compañeros. Yo había tenido un noviazgo muy difícil unos años antes que me enseñó cómo un hombre puede ser dominante, opresivo, y espantoso, y cómo hasta una persona fuerte, como yo me consideraba, podía ser psicológicamente abusada, emocionalmente manipulada y generalmente sumisiva. Yo había sacrificado partes de mi personalidad, mi inteligencia, y mi cariño para poder ser más como el ideal que él deseaba. Me quería moldar para ser alguien que yo no era.

Al familiarizarme con el tema de la violencia doméstica y con las mujeres mismas que habían sido golpeadas, no perdí tiempo en acordarme de mujeres que yo conocía que habían sido asaltadas físicamente. Me acordé y reconocí que la mujer que vivía en el apartamento sobre nuestra casa cuando yo tenía cuatro y cinco años, la que cada viernes por la noche cuando la policía llegaba, se iba con dos vestidos colgados en ganchos y un ojo moreteado, era una mujer golpeada. Me acordé y reconocí que aquella compañera de la escuela que decía que su novio era brusco con ella de vez en cuando, la que tenía marcas en el cuello que no eran de ser besada, como ella decía, sino que eran moretes de ser ahorcada, era una mujer golpeada. Me acordé y reconocí que mi tía, que vivió aparte de su marido, que nunca se divorció, estaba aparte no por su trabajo ni por cualquier otra razón que la familia daba, sino porque ella era una mujer golpeada. También me acordé de los comentarios de la familia y las amistades que perdonaban la violencia, que ignoraban la seriedad de la situación, y que estiraban la verdad para que la mujer se viera culpable y de alguna manera responsable por el abuso. Esto permitía que la gente siguiera con sus vidas sin tratar de ayudarla.

La violencia doméstica es un crimen contra todas las mujeres y este abuso le puede ocurrir a cualquiera. Sin embargo, en los años que he estado aconsejando y apoyando a mujeres golpeadas y violadas en el Este y Oeste de los Estados Unidos, he encontrado que latinas se encuentran con obstáculos al tratar de salir de una relación violenta, que otras mujeres no tienen. Estos obstáculos empiezan con el no hablar ni leer el inglés, y terminan con la discriminación racial. Realmente es irónico que en un país compuesto de gente de todo el mundo se encuentre una corriente tan fuerte que no tolera personas de color, sean amarillas, negras o café. A través de mi trabajo también encontré que cuando latinas van por ayuda a una agencia de servicio social, la mayoría del tiempo no se ofrece ni ayuda bilingüe ni personal latino. Más y más ciudades experimentan una disminución de fondos para servicios sociales que inevitablemente quiere decir menos ayuda bilingüe porque se considera un servicio de menos importancia.

Este libro no pretende dar la ayuda que debe existir en las agencias sociales. Su propósito es aumentar y complementar la ayuda que pueden dar agencias y refugios, dándole a la mujer golpeada y dándole a la agencia la información acerca de la violencia doméstica que no se podía encontrar o no más se encontraba en inglés. Este libro fue escrito con una profunda obligación a todas las mujeres víctimas de la violencia y con una esperanza que no se muere, de que esta violencia se acabe.

Myrna M. Zambrano
Junio de 1985

Indice

Con honor para mi madre,
Carmen Rosa Ortiz de Zambrano

Mejor Sola Que Mal Acompañada

Marieta, no seas coqueta,
Porque los hombres son muy malos.
Prometen muchos regalos,
Pero lo que dan son puros palos.

Una Canción Tradicional

Tingo Lilingo mató a su mujer,
La hizo pedazos y la fue a vender,
Y no la quisieron porque era mujer.

Una Canción Infantil

Para Quién Es El Libro Y Cómo Puede Ayudar

Este libro es para ti, la mujer latina que se encuentra en una relación donde hay abuso. Fue escrito para darte valor, para ayudarte a cambiar una situación que puede costarte tu salud y tu vida. Es posible que ya hayas dado meses o años a una relación que esperabas que cambiara, que se mejorara, que se convirtiera en la relación de tus sueños. *Nada cambiará* ni se mejorará si no haces algo. Tal vez lo vas a dejar, te vas a esconder, divorciarte, o consultar a una consejera. Quizá te sientes completamente sola y sin ninguna salida sino la de quedarte con el que te abusa. Pero opciones sí existen para todas, para poder salir de una relación abusiva y peligrosa. Este libro puede ayudarte a descubrirlas para ti misma.

La palabra "latina" se usa a través del libro por ser una palabra que abarca mucho. Usada aquí, se refiere a cualquier mujer de América Latina, incluyendo pero no limitándose a México, América Central, América del Sur, Puerto Rico, La República Dominicana, y Cuba. Se refiere a mujeres que acaban de comenzar su vida en los Estados Unidos y también a las que son de primera, segunda, o tercera generación. Su idioma preferido puede ser el español, pueden dominar el español y el inglés, o no hablar español pero identificarse con la cultura latina. Como América Latina es tan diversa y tan enorme, y también porque este libro desea ayudar a todas las latinas, no se usan las palabras "chicana", "hispana", "mexicoamericana" ni la nacionalidad de ningún país en particular. Es un dilema encontrar un término apropiado para un grupo tan grande. Pero sigamos adelante a la información y al tema señalado, sobresaltando las clasificaciones que en muchos casos sirven para apartarnos.

A través del libro vas a ver varias palabras que se usan seguido: "abuso", "ser golpeada", "golpeador", "asalto" y "asaltante". "Abuso" se refiere a cualquier forma de maltrato, cualquier acto hecho para herirte o castigarte, sea daño mental, emocional, sexual, físico o de palabra. Todos estos abusos pueden ser tremendos para una persona. Este libro puede ayudar a la persona que experimenta el abuso de palabra tanto como a la persona que experimenta el abuso físico y mental. "Ser golpeada" quiere decir ser la víctima de una golpiza, incluyendo golpes, cachetadas, empujones, ser detenida, o ser víctima de una agresión. "Golpeador" se refiere a la persona que te está abusando. Un "asalto" es un ataque violento, o una violación, y un "asaltante" es la persona que te ataca o te asalta, la persona que te lastima. Esta persona puede ser tu esposo, tu compañero, o tu novio.

Latinas y la violencia doméstica

Pocos estudios se han hecho acerca de cómo afecta la violencia doméstica a la latina. De lo que está documentado se puede decir que la mayoría de latinas no reaccionan diferentemente que otras mujeres. Sus reacciones emocionales y físicas son similares, su repugnancia y aversión igual, su miedo y deseo para acabar con la violencia tan fuerte. Lo que sí afecta a las latinas distintamente es la falta de recursos para ayudarla a identificar el abuso y explorar sus opciones para pararlo.

Como latinas en los Estados Unidos, todas somos diferentes. Venimos de varios países, hemos estado en los Estados Unidos por diferente tiempo, dominamos el inglés en diferentes niveles, y las costumbres americanas y latinas que aceptamos y practicamos varían y no se pueden generalizar. Se encuentran latinas que son educadas, son profesionales, y tienen un ingreso sobre lo normal. Ellas tienen un fuerte apoyo de su familia y de su comunidad que les permite fuerza de voluntad y privilegios. Pero, también hay latinas que han venido a los Estados Unidos y han dejado a sus familias en su tierra, así que tienen poco apoyo en los Estados Unidos. La cubana es un buen ejemplo de esto. Muchas como la mexicana se están esforzando no más para vivir de un día a otro y no ser deportadas. Otras, como la mujer de El Salvador o Guatemala, se han venido a los E.U. por la crisis económica de su país y por la amenaza diaria a sus vidas por la situación política. La puertorriqueña, que viene de o que vive en un territorio americano, tiene muchos derechos y privilegios en documentos que raramente se convierten en oportunidades o servicios concretos, y ella tampoco es libre del racismo.

Nuestras necesidades son distintas, pero nuestros obstáculos para obtener ayuda como mujeres golpeadas son similares. Estadísticas de trabajo de 1980 demuestran que las latinas se concentran más en ocupaciones de menos paga y habilidad, que todos los otros obreros.* Consecuentemente el dinero para mudarse, pagar un abogado, o pagar un doctor, no siempre está disponible. Para el número tan grande de latinas que se salen de la escuela, una educación inferior y falta de habilidad hacen un trabajo de mejor paga difícil de conseguir. Nuestras oportunidades para adelantarnos no siempre se comparan con las de las americanas, por la discriminación racial que se encuentra en tantos trabajos. Poco acceso a anticonceptivos, la falta de información acerca del control de la natalidad, y la doctrina católica resultan en familias grandes que dificultan el mudarse o encontrar cuidado adecuado para los niños. Encima de todo esto, la asistencia en español por otro latino no se encuentra fácilmente. Servicios sociales, centros de mujeres, líneas de emergencia y refugios para mujeres no tienen bastante o a veces ninguna ayuda bilingüe/bicultural. La busca por la ayuda de un abogado, doctor o psicólogo, o un profesional bilingüe/bicultural que entienda el problema rinde escasos resultados. Es importante poder hablar con alguien que entiende tu idioma y cultura y con quien te sientes cómoda. Ser golpeada por tu esposo o novio es algo privado y doloroso, y es hasta más difícil cuando se encuentran problemas de comunicación y entendimiento.

Pero sí hay maneras para obtener la ayuda que necesites. Puedes empezar pidiendo ayuda de otros, como una amiga, un pariente o una consejera. La ayuda de ellos puede darte la fuerza para que tú misma te ayudes.

Qué contiene el libro

Varias formas de violencia se encuentran en la familia. Hay violencia contra los niños, violencia contra los abuelos, violencia con-

---

* 1983 Handbook on Women Workers, U.S. Department of Labor, Office of the Secretary Women's Bureau.

tra el marido o la esposa. Este libro se concentra principalmente en la mujer latina que está en una relación violenta, donde ella es golpeada por su querido, sean casados o sean novios, sean compañeros que viven juntos o aparte, sea el abuso físico o emocional. Este libro primero tratará de ayudarte a comprender tu problema, y después darte dirección para acabar con la violencia o escaparla.

Cada capítulo en *Mejor Sola* da información práctica para parar el abuso e incluye palabras de ánimo para que sigas explorando tus opciones. Este libro te ayudará a identificar el problema y hacer una decisión acerca de tu situación. Te ayudará a obtener ayuda y apoyo, y vivir a la larga sin el compañero que te abusa.

Puedes leer desde el principio hasta el fin del libro o empezar con los capítulos que tienen más interés para ti y que necesitas inmediatamente. Es perfectamente correcto escoger los capítulos que necesites más y salirte del orden del libro, pero es buena idea, cuando puedas, leer esas partes que te brincaste para tener el beneficio completo del libro. Las dos versiones de inglés y español del libro son equivalentes.

La mejor manera de encontrar lo que buscas, es usar el índice al principio del libro. Léelo completamente y después decide dónde quieres empezar. El Capítulo 1 identifica lo que es el abuso para ayudarte a reconocerlo. El Capítulo 2 discute las ideas falsas acerca de las mujeres golpeadas que las hacen permanecer en un hogar violento. Habla de por qué estás en una relación abusiva y por qué tu compañero te abusa. El Capítulo 3 habla acerca de por qué una mujer se queda con un hombre que la golpea y explora los problemas que los niños, la familia, la cultura latina, y las creencias religiosas pueden presentar. El Capítulo 4 empieza la sección del libro que discute cómo obtener ayuda de emergencia. Te informa cómo ir al hospital y al departamento de policía y te dice qué puedes esperar de ellos. El Capítulo 5 cubre las alternativas que tienes si quieres irte de tu casa. El Capítulo 6 te explica tus derechos legales. Estos incluyen el derecho a una orden de protección, el de hacer una queja formal contra el abusador, y el de obtener un divorcio y mantenimiento para tus hijos.

El Capítulo 7 toca tu estado emocional y cómo obtener apoyo durante y después de las golpizas. El Capítulo 8 se dedica a dificultades especiales como el estado de inmigración, no tener dinero, o no hablar inglés. El Capítulo 9 te ayuda a mantener tu seguridad ya que la obtengas; si has tenido varios compañeros violentos, esta sección es especialmente importante.

El Capítulo 10 es para la persona que quiere saber más de la violencia doméstica, las latinas y cómo ayudar. Si eres una consejera puede ser que quieras leer esto primero y después regresar a las otras partes del libro. Un glosario sigue el Capítulo 10 para ayudar con términos legales y otras palabras desconocidas. El apéndice incluye información muy importante acerca de los primeros auxilios.

A veces la latina escoge un compañero que no es latino. El hombre puede ser anglo-americano y la mujer mexicana, o él puede ser negro y ella puertorriqueña. Vivir con una persona que no es de nuestra cultura puede implicar problemas que requieren atención especial. Este problema en particular no se discute en este libro. Sin embargo, la información que se presenta aquí la puede ayudar.

Otra clase de relación donde se ecuentra el abuso es entre compañeras del mismo sexo. Mucha gente cree que dos mujeres que viven juntas no tienen el problema de la violencia doméstica, pero esto es un error. La violencia doméstica también se encuentra en relaciones homosexuales. La mujer golpeada en esta situación también se puede ayudar con la información que se presenta aquí. Un centro para mujeres o consejeros que tienen experiencia con parejas lesbianas pueden ofrecer ayuda que toma en cuenta sus necesidades. Mi experiencia y estudio han sido con latinas con compañeros que son también latinos, y éste es el enfoque de *Mejor Sola Que Mal Acompañada*.

Capítulo 1

¿Qué Es El Abuso?

¿Estás tú en una relación donde hay abuso?
Si sientes algunos de los siguientes:

- Le tengo miedo al hombre con quien vivo.
- Cuando no más me pegaba a mí no estaba tan mal, pero ahora le pega a los niños.
- Estoy cansada de ser humillada en frente de la gente.
- La única manera de parar la violencia es matarlo.
- No puedo soportar otra golpiza, la próxima vez me voy a morir.
- Nunca me había forzado a tener relaciones sexuales, ahora me amenaza y me asalta brutalmente.
- Quiero sentirme segura en mi propia casa.

Este libro es para ti

Indicadores del abuso

El abuso toma distintas formas. Puede ser físico, emocional, o sexual. Puede ocurrir todos los días, una vez por semana o de vez en cuando. Puede ocurrir en lugares públicos como una tienda o un parque, o en lugares privados como tu casa o tu carro. Te puede dejar con moretes y chipotes en tu cuerpo, o dejarte con una herida interna que nadie puede ver. ¿Cómo sabes si eres víctima del abuso? Aquí están unas características comunes del abuso.

Abuso físico

Tu compañero:

- Te pega, te da cachetadas, te muerde, te corta, te patea, te quema, o te escupe
- Te avienta cosas
- Te detiene contra tu voluntad
- Te lastima o te amenaza con un arma mortal, sea una pistola, un cuchillo o navaja, una cadena, un martillo, un cinto, unas tijeras, un ladrillo, u otros objetos pesados
- Te abandona o te echa de la casa
- Te descuida cuando estás enferma o embarazada
- Te pone a ti o a tus hijos en peligro por manejar muy mal y sin cuidado
- No te da dinero para comida o ropa

Abuso emocional

¿Tu compañero dice o hace cosas que te humillan, te dan vergüenza, te insultan, o se burla de ti? Te ha dicho:

- Que eres una mujer estúpida, loca, sucia
- Que eres una puta gorda, floja, y fea
- Que nunca haces nada bien
- Que no eres una buena madre
- Que nadie jamás te quisiera
- Que no te mereces cosas buenas
- Que tu madre es una puta

El:

- Niega darte cariño para castigarte
- Amenaza que te va a golpear o va a golpear a tus hijos
- No te permite trabajar, tener amistades, o no te deja salir
- Te fuerza que le des tu propiedad o tus artículos personales
- Te cuenta de sus aventuras amorosas
- Te acusa de tener novios o queridos
- Trata de controlarte con mentiras, contradicciones, promesas o esperanzas falsas

Abuso sexual

Tu compañero te:

- Fuerza a tener relaciones sexuales cuando no quieres
- Fuerza a participar en actos sexuales que no te gustan
- Critica tu funcionamiento sexual
- Niega relaciones sexuales
- Fuerza a tener sexo cuando estás enferma o cuando pone tu salud en peligro
- Fuerza a tener sexo con otras personas o te fuerza a que veas a otras personas tener relaciones sexuales
- Cuenta de sus relaciones sexuales con otras personas
- Obliga a tener sexo que es sádico, o sexo que te lastima

Actos destructivos

Tu compañero:

- Quiebra tus muebles, inunda tu casa, esculca o tira basura en tu casa
- Corta las llantas de tu carro, quiebra ventanas, roba o mete mano en tu carro para dañarlo
- Mata tus animales para castigarte o asustarte
- Destruye ropa, alhajas, retratos de tu familia u otras prendas personales que él sabe te importan

¿Eres víctima del abuso?

No estás sola

Tanto como la mitad de todos los matrimonios en los Estados Unidos experimenta violencia entre familiares en algún tiempo. Estudios indican que 1.8 millones de mujeres son golpeadas por sus maridos cada año. La mitad de todos los homicidios en la familia ocurren entre el esposo y la esposa.* Es muy

---

* Jean Giles-Sims, *Wife Battering: A Systems Theory Approach,* The Guilford Press 1983, página 30.

común que unos empujones y unas cachetadas o bofetadas se conviertan en patadas, golpes y hasta estrangulación o violación. El abuso no para allí, sino que también incluye insultos y acusaciones falsas — lo que seguido se considera el abuso mental. Para muchas mujeres el abuso mental daña mucho más que el abuso físico; moretes y huesos quebrados se sanan, pero el abuso mental deja cicatrices y marcas permanentes.

Mujeres golpeadas no son un fenómeno nuevo. Casos de mujeres golpeadas y violadas por sus esposos se dan desde tiempos bíblicos. Mujeres golpeadas se encuentran a través del mundo. Ellas vienen de familias chicas y grandes, pobres y ricas. En China hay un dicho que las mujeres son como un gong y deben ser golpeadas regularmente; en Francia se dice que las mujeres son como árboles de nueces y deben ser golpeadas para que den fruta. Una ley antigua inglesa dice que es permitido golpear a la esposa, sólo que no sea en domingo y que la vara no sea más gruesa que el dedo del esposo. En América Latina hay un dicho que el hombre que es hombre y macho que le pega a su mujer, deja de ser hombre y macho si no le pega otra vez.

Durante el movimiento de la liberación de la mujer en los 70, feministas, activistas en la comunidad, y mujeres que anteriormente habían sido golpeadas se juntaron y organizaron un frente contra la violencia doméstica. Su meta fue crear refugios y apoyo emocional para mujeres golpeadas, y traer el problema de la violencia contra las mujeres al público. En 1978 la Alianza Nacional Contra La Violencia Doméstica (NCADV) se estableció para unir los diferentes grupos que trabajaban contra la violencia en el hogar. Esta alianza sigue existiendo para influir el congreso y leyes estatales que aseguran que las mujeres tengan protección contra la violencia doméstica, y que estas leyes sean efectivas.

En el primer congreso del NCADV una alianza se formó de mujeres tercermundistas para compartir apoyo e información acerca de mujeres no anglo-sajonas. Su meta fue educar a la gente acerca de las cuestiones que afectan a la mujer tercermundista, y fomentar el establecimiento de organizaciones y servicios para mujeres golpeadas no anglo-sajonas. Desde entonces otras alianzas se han formado para analizar y definir las necesidades de mujeres del tercer mundo y para abarcar otros temas aparte de la violencia doméstica como el feminismo, el lesbianismo, la justicia criminal, y la violencia política. Ahora se encuentran aproximadamente quinientas organizaciones para mujeres golpeadas en los Estados Unidos que trabajan veinticuatro horas al día para asistir a mujeres que han sido abusadas.

Hemos llegado a este punto avanzado a través de los esfuerzos de mujeres que ayudan a otras mujeres. Pero a pesar del progreso que hemos hecho para combatir la violencia contra las mujeres, seguimos luchando para hacer otros cambios. Esperamos: ver que cada ciudad tenga un refugio para mujeres golpeadas, saber de tratamiento para los hombres que golpean, tener el arresto obligatorio y terapia obligatoria para estos hombres y que todas las leyes que ahorita existen para proteger a las personas contra la violencia física, sean usadas como se debe. Las mujeres están trabajando para alcanzar estos fines todos los días. Y más hombres se están dando cuenta que ellos también tienen una responsabilidad para terminar con la violencia contra mujeres.

Tú no eres la primera mujer golpeada, y desafortunadamente, no serás la última. Tu situación la compartes con muchas otras mujeres. Hay mujeres a tu alrededor, organizadas en refugios y otras fuera de los refugios, que te quieren ayudar. ¿Por qué le pega el esposo a la persona que debe estimar más que nadie, por qué le pega a la persona con quien comparte su vida? ¿Y por qué lo tolera una mujer? Este libro tratará de contestar estas preguntas, pero más importante te dará esperanza en una situación que parece no tener remedio, y te dará alternativas para que no te des por vencida y te dejes abusar.

Nadie se merece el abuso

Hay unas cosas que tendrás que aprender de tu matrimonio o relación violenta para que puedas hacer algo:

- *Nadie se merece ser golpeada, no importa lo que haga.*
- *El hombre violento, no tú, es responsable por su comportamiento.*
- *Solamente él puede parar el abuso, solamente él puede controlar su temperamento.*

Yo creo en el poder de la mujer. Tú tendrás que aprender a reconocerlo en ti misma porque todas lo tenemos. Este poder es lo que te permite seguir cocinando, limpiando y trabajando cuando tu niño está enfermo; es lo que te permite amar a otros aunque ellos no te lo regresen; es esa fuerza que te lleva de un día para el otro aguantando sentimientos dolorosos y hasta apuros económicos. Para muchas mujeres los insultos, la brutalidad, la subordinación diaria por los hombres, es una ocurrencia común que han aprendido a resignarse a sufrir. Es posible que necesites alguna ayuda para encontrar esa mujer poderosa dentro de ti que puede cambiar lo que te está lastimando. Puedes cambiar tu vida con la ayuda y la inspiración de otras. Espero que este libro sea ese comienzo para ti.

Seis Mujeres Y Sus Historias

Esta sección presenta a varias mujeres que se consideran víctimas del abuso. Aunque la situación de cada una es distinta, todas ellas sienten coraje, miedo y frustración. Todas quieren un cambio en sus vidas y han empezado últimamente a tomar los pasos necesarios para acabar con la violencia en sus hogares. Aquí están sus historias.

Magdalena

Magdalena tiene diez y nueve años. Ha vivido con su novio por dos años. Desde que han estado juntos las golpizas se han empeorado y esto asusta a Magdalena. Se siente lista para platicar con alguien acerca de la violencia en su relación, aunque no está segura de lo que debe hacer.

"La primera vez que me pegó Armando fue cuando estábamos en la *high school* juntos. Teníamos mucho tiempo juntos, desde el grado ocho pero no me pegaba entonces. Yo no pensaba que me pegaba muy fuerte, pero después veía los moretes en mi cara donde me había dado de cachetadas y en mis brazos donde me había golpeado. Tenía que usar mucho maquillaje para taparme los moretes. Mi papá se reía de mí y me decia payasa porque usaba tanta pintura. Los moretes en mis brazos eran más fáciles de esconder, no más usaba mangas largas.

"Pues, yo creo que no me daba cuenta qué tan fuertes eran las golpizas, porque tenía más miedo que nada. Como cuando me pegaba en el carro. El estaba manejando y golpeándome al mismo tiempo. Una vez decidí que ya no iba a soportar más, y le iba a decir que ya teníamos que terminar. El dijo, 'Está bien, lo que quieras. Vente, vamos a pasearnos en el carro una última vez'. Parecía estar calmado y me subí al carro. Manejó en el *freeway* y se paró en la línea de la izquierda. No me podía salir. Empezó a rogarme que no lo dejara. Tenía miedo estacionada allí, todos los carros pasaban tan rápido. Un policía vino y se paró detrás de nosotros y quería saber si algo estaba mal. Armando mintió. Le dijo que el carro estaba fallando, pero que ya todo estaba bien, así que el policía se fue. Yo quería salirme en ese momento, pero Armando no había hecho nada, no me había tocado. Me sentía tan atrapada. ¿Cómo me iba a escapar sin que me machucara un carro? Pues le dije que sí le iba a dar otro chance y después me llevó a mi casa.

"Creo que yo sí quería que todo saliera bien entre nosotros, pero también no me iba a dejar ir si no me ponía de acuerdo con él. Además, ¿qué iban a decir en la escuela? Ya teníamos mucho tiempo juntos y muchas muchachas querían salir con él. Estuviera loca si lo dejaba ir.

"Despues de *high school* empezamos a vivir juntos. Yo estaba trabajando en una tienda de ropa y Armando tenía un trabajo parte del día. Parecía que todo iba a salir bien. Pero después de unos dos meses empezó otra vez, empezó a pegarme otra vez. Esta vez yo iba a hacer algo y le dije a mi mejor amiga Yolanda. Ella me dijo, y nunca se me va a olvidar, ¿'Qué tiene? ¿Apoco tú crees que mi novio no me pega? Así son los hombres'. Me sentí como que no era fuerte o que yo estaba mal por querer hacer algo. La última vez que él se enojó me amenazó con un cuchillo. Eso de veras me asustó".

Soledad

Soledad tiene seis niños. Solamente cuatro viven con ella. Los dos más grandes ya se casaron y viven aparte. Ella ha pensado dejar a su esposo, pero ella dice que nunca tan serio como ahora. La última vez que él la golpeó también golpeó a su niño más grande, que tiene catorce años. El perdió días de escuela por estar golpeado y desde entonces se ha puesto muy deprimido.

"Mis hijos, yo sé que no quieren a su papá y por eso yo quiero hacer algo. Sabe que mis hijas se casaron para salirse de la casa, yo sé que es cierto. Sus esposos no son buenos con ellas. Mi hija más grande, que vive en Tijuana, me ha visitado con moretes o el labio hinchado. Es ese perro con quien se casó que le pega, yo lo sé. Pero Gustavo, mi esposo, no la deja volver a la casa. El dice, 'Se casó y ahora es su problema'. De una manera está mejor así, porque esta casa es como una cárcel. Pues, hasta en la cárcel te tratan mejor.

"Sabe que Gustavo no deja que los niños salgan a ningún lado después de la escuela ni que traigan a sus amiguitos a la casa. El dice que hay mucho que hacer aquí en la casa. Pero, ¿qué pueden hacer? Ni los deja ver la televisión. No más deja que prendan la tele cuando él está en la casa y todos tenemos que ver lo que él quiera. A mí no me molesta tanto, pues yo no necesito divertirme, pero los niños — ni siquiera ese gusto.

"Sabe que ni siquiera a la tienda me permite ir. Cuando le pagan, él compra toda la comida para la semana y paga todos los gastos. Yo no veo un centavo. El dice que no necesito dinero. Pero una persona necesita siquiera un poquito para sentirse como persona. A veces necesito algo para completar la cena y le tengo que pedir permiso para ir a la esquina donde hay una tiendita. Cuando vuelvo me dice cuánto me dilaté, y si es más de lo que él esperaba, me acusa de andar con otro hombre. ¿Se puede imaginar? Apenas tengo tiempo para ir y volver, no ando con hombres, de veras.

"Sus reglas van hasta más allá. A nadie le permite usar el teléfono. Hasta se lo lleva al trabajo para que nadie lo use. ¿Qué tal si tengo alguna emergencia o si se me ofrece algo? Y aunque lo deje, no lo puedo usar. Llama del trabajo cada pocas horas para ver lo que estoy haciendo. Y Dios guarde la hora que el teléfono esté ocupado porque entonces sí hay dificultades. Me acusa de estar hablando con mi novio. Ah, y también pasa y le da vueltas a la casa. En su trabajo tiene que hacer entregas, y entonces pasa para asegurarse que aquí estoy. Adónde voy a ir sin dinero, ni a la esquina.

"Pero él sí se divierte, le digo esto. Le gusta tomar y en los fines de semana trae a sus amigos. Hablan tan recio y son tan desagradables, y sin embargo tenemos que servirles su cena y traerles de tomar, y soportar sus insultos y groserías. Me enferma eso. Es en los fines de semana cuando toma que me pega. Esta última vez le pegó a mi niño también. El trata de protegerme, pero Gustavo todavía está fuerte. Tan fuerte para pegarnos a los dos.

"He estado casada por veinticinco años y no me puedo acordar cuándo las cosas fueran diferentes. Pero no le puedo permitir que golpee a mi niño otra vez".

Pilar

Pilar tiene treinta y cinco años y tiene cinco niños. Ha estado internada en el hospital dos veces por las golpizas de su esposo Manuel, que tiene un buen puesto en una electrónica. Manuel es un ciudadano legal y le ha prometido a Pilar que la va a emigrar, pero todavía no lo ha hecho. Seguido Manuel se desaparece de la casa. Aquí es cuando Pilar aprovecha para salirse de la casa y se va con su mamá, esperando nunca volver con Manuel. Pero la casa de su mamá es muy chica y muy incómoda para Pilar y todos los muchachos. Pilar sin poder irse a otra parte se vuelve a su casa. La mamá de Pilar se cansa de verla ir y venir tan seguido. La familia de Manuel también sabe de los problemas que tienen, pero ellos creen que es la culpa de Pilar. Ellos dicen que no es buena esposa o madre y que ella necesita la disciplina que Manuel le da.

"La primera vez que tuve que ir al hospital Manuel me había quebrado la nariz y me abrió la cabeza. Me pegó con un gancho de madera y me pusieron diez y siete puntadas arribita de mi oreja. No puedo oír tan bien de ese lado desde que eso pasó. La segunda vez estaba embarazada con mi tercer niño, Panchito. Manuel me pegó tanto y hasta me pateó, que casi pierdo al niño, y esto pasó cuando tenía seis meses de embarazada. Usted sabe que Panchito aprende muy despacio y yo creo que es por la golpiza antes de que naciera.

"Todos mis hijos le tienen miedo a su papá. No más se acercan a él cuando les llama. Los niños son muy callados y le tienen miedo a todo. Yo creo que es porque a todos los encargué en puro terror. Después de que me di cuenta de qué clase de hombre era Manuel, yo no quise más niños. Hasta ahora me amenaza con la muerte si no me acuesto con él. ¿Qué clase de niños puede uno tener así?

"Mi familia sabe qué tan violento es Manuel. Mis hermanos seguido me dicen que van a hablar con él para que se enderezca, pero cuando les pido, le sacan porque saben que Manuel tiene una pistola. Una noche después de que no llegó a la casa por unos días, cerré la puerta con seguro y los niños y yo nos fuímos a dormir. Mi hermano se había quedado en la casa porque le dije que le tenía miedo a Manuel. Así lo hacía. Se iba por días y cuando volvía, venía enojado y a veces me iba muy mal. Pues Manuel llegó muy tarde y le tocó fuerte a la puerta. Al principio yo no lo iba a dejar entrar, pero después sí lo dejé porque estaba haciendo tanto ruido. Entró y le dijo a mi hermano que se largara. Mi hermano no se quiso salir y se pusieron a pelear. Manuel sacó la pistola y le dijo, 'O te sales, o te mato'. Mi hermano le dijo, 'Pues me vas a tener que matar'. Los niños estaban gritando y llorando y estábamos todos juntos en la recámara. Manuel le dio un balazo en el pie a mi hermano, y luego se fue asustado de lo que había hecho. Fue terrible. Así que ahora mis hermanos no quieren tener nada que ver con él.

"Manuel me ha prometido que me va a emigrar. Yo nunca he visto ningunos papeles, pero él dice que tiene a alguien que los está preparando. Si le pregunto cómo van los papeles se enoja tanto y dice que no me merezco nada porque no le tengo confianza. Así que dejo que pasen los días. Me compra ropa o les compra bicicletas a los niños, algo, para que ya me calle y se me olvide. Pero yo necesito mis papeles y cada día pasa y nada se hace".

Esperanza

Esperanza es una madre joven con dos niñitos. Ella se vino a los Estados Unidos con su esposo Felipe antes de que nacieran sus hijos. Los dos han trabajado para una fábrica por cinco años, desde que se vinieron. Quieren hacerse ciudadanos americanos y le estaban pagando a un abogado para que les arreglara los papeles. Cuando ya les faltaba muy poco para terminar los pagos fueron a ver al abogado para ver cuánto tiempo les faltaba para emigrarse. El abogado había abandonado su oficina y nunca lo pudieron encontrar. Poco después Esperanza tuvo un aborto, y fue en la clínica que se dieron cuenta que estaba bajo peso y que tenía moretes en su espalda y brazos.

"Pues, qué le puedo decir. Me da mucha vergüenza estar en este asunto. Tengo un primo con quien pudiera hablar, pero se me hace que vive en Chicago. No sé, a veces pienso regresarme a México. Pero la vida es tan dura allá y no creo que me pudiera mantener con los niños. No le he contado a mi familia nada de Felipe. Ve que mi mamá está mal del corazón y no quiero que se vaya a enfermar. Además, ¿qué pudieran hacer tan lejos?

"Nunca le he hablado a la policía, porque Felipe me ha dicho que nos van a deportar si lo hago. He pensado en aprender inglés, pero entre el trabajo y los niños, casi ni hay tiempo. Así que nunca le he pedido a nadie por ayuda. Además, a veces pasan meses sin que me pegue, y trato de olvidar lo que pasó y no más trabajar.

"Estoy muy triste porque la última vez que me pegó Felipe, mis dos chiquitos también me empezaron a pegar. Me decían, 'Mala mami, mala mami'. Me dolió eso mucho. Los niños adoran a su papá. El les trae nieve y juguetitos. Están tan alegres al verlo. Pero siento que los está envenenando contra mí. No quiero que no conozcan a su padre. Pero lo que pasa entre nosotros no puede ser buen ejemplo para los niños, ¿verdad?"

Cati

Cati es una madre soltera con dos adolescentes. Ella trabaja como agente de propiedades y tiene muy buen puesto. La relación con su novio va y viene ya por varios años. Aunque ella y el novio ya no viven juntos, Cati encuentra que su relación es difícil de terminar.

"Todas las cosas en mi casa son mías; yo las compré y yo las pagué, todas. Cuando él se salió, se quería llevar mitad de mis cosas. Dijo que él me ayudó a comprarlas. Yo fui la que lo mantuve todo ese tiempo. Me sigue molestando que el estereo, la televisión, y hasta el carro es de él. Sí me dio unas alhajas y tomamos unos viajes juntos, pero él me dio esas cosas. Hace poco me puso tierra en el motor del carro. Me lo arruinó. Le llamé a la policía y lo reporté, pero siempre yo lo tengo que arreglar. Ha hecho esto dos veces.

"Una vez los vecinos llamaron a la policía. Oyeron que alguien estaba gritando. Me había golpeado y me había quebrado cosas por toda la casa. Un policía vino a la puerta y preguntó que si todo estaba bien. Sabes que se me paró directamente atrás de mí, y tuve que decir que todo estaba bien. Tenía miedo que me iba a hacer algo.

"El no tiene llaves de esta casa y yo trato de alejarme de él, pero él regresa. Esta última vez vino cuando no estaba y los muchachos estaban solos. Les dijo que yo le había pedido que viniera y que me esperara. Mi hija no lo quiere, pero le tiene miedo y lo dejó pasar. Cuando llegué allí estaba. Les pedí a los muchachos que se salieran. No quería que nos oyeran pelear.

Hizo algo que me asustó muchísimo, me dijo que me desvistiera. Lo repetía, una y otra vez. Yo le decía que no. Le dije que esta vez iba a llamar a la policía, que no me iba a lastimar. No sé qué paso, si cambió de pensamiento o si temía que los muchachos volvieran, pero se fue. Estaba tan asustada. Yo no quiero que eso vuelva a pasar".

Piedad

Piedad tiene cincuenta años; su esposo, Nacho, tiene sesenta y cinco. Viven solos ahora, sus hijos ya están grandes y casados. Don Nacho ha estado retirado por cinco años. Aunque Piedad nunca ha sido físicamente abusada por su marido, se considera seriamente emocionalmente abusada y busca manera de ayudarse y mejorar a su matrimonio.

"Nunca hago las cosas bien. Si cocino y no tiene hambre, se enoja porque no está listo para comer. Si me espero para cocinar más tarde, me acusa de que lo estoy abandonando y que no me importa. Se enoja de todo. No se le puede dar gusto.

"Después de que se retiró, decidí ir a la escuela de noche para mejorar mi inglés. Yo hubiera buscado un trabajo, pero nunca me ha permitido trabajar. Así que, la escuela era lo mejor. Si me iba a la escuela entonces no estuviéramos tanto juntos con tantos disgustos. Bueno, pues cada noche que me arreglaba para ir, se enojaba y no me decía una palabra, o me gritaba y me acusaba que yo tenía un novio en la escuela. Imagínese, a mi edad, andar con novios. Pues ya no fui a la escuela. Me cansé de estar gritando y peleando cada noche. Cuando mi nietesita empezó a ir a la escuela, me puse de voluntaria para ayudar a la maestra en las tardes porque dijo que necesitaba ayuda. Pues, otra vez fue un desastre porque don Nacho se quejaba mucho de que estaba muy solo...pues, también paré de ir allí. Yo no sé para qué me quiere pegada con él.

"No tengo muchas amigas por culpa de él. Cuando mis amistades de la iglesia vienen, se pone tan grosero. El me interrumpe, me dice que no sé de lo que estoy hablando, y que me calle. Me da tanta vergüenza y me siento tan humillada. Ya no vienen a visitarme, y si vienen, tratan de llegar cuando él no está y solamente por unos minutos para que no se lo encuentren.

"Cuando don Nacho toma, hasta el perro se esconde. Se

pone tan abusivo y necio. Yo ni le hablo cuando anda así, para no pelearnos. Pues de veras lo hago para que él no me grite, porque a mí no me toca decir mucho. Me dice cosas, me llama nombres groseros, me insulta, y eso duele mucho. Tengo jaquecas y problemas del estómago que el doctor dice que no tienen razón. Don Nacho se enoja porque ya no duermo con él. Pero, ¿cómo me voy a acostar con un hombre que me acaba de insultar y humillar?

"A veces deseo que se muera. Yo sé que no me debo de sentir así, pero estos sentimientos son difíciles de negar. Por esto creo que me voy a ir al infierno. Hablé con el padre de la iglesia acerca de esto. Me dijo que debería tratar más para comprender a mi esposo y hacerlo feliz. Me dijo que yo le debía las gracias por muchas cosas; mis hijos nunca tuvieron hambre y nunca anduvieron descalzos y a mí nunca me faltó nada. Después de eso nunca lo volví a mencionar".

Capítulo 2

Razones Sociales Y Culturales Por Qué Ocurre El Abuso

¿Es cierto lo que dicen de las mujeres golpeadas?

La gente da muchas razones por qué mujeres son golpeadas por sus maridos o novios. Es posible que hayas oído que es porque la familia es pobre, porque la mujer trabaja y no está en su casa, o porque ella no es muy inteligente. Pero mujeres de todas culturas y razas, de todos niveles económicos, y de todas personalidades pueden ser y son físicamente y emocionalmente abusadas por los hombres en su vida. Gran parte de lo que se dice de mujeres golpeadas se dice para perdonar un comportamiento que es violento, ilegal, y sin motivo. Mucho de lo que se dice oculta algo muy básico, que una persona no tiene el derecho de golpear a otra persona y no hay por qué tolerarlo. También lo que se dice culpa a la persona golpeada en lugar de culpar a la persona que golpea. Pero, ¿por qué protegemos a los hombres y culpamos a las mujeres? Cuando la gente o los mismos hombres tratan de hacer excusas por su violencia o acusar a mujeres como la causa, ellos se están engañando solos e ignorando un problema muy serio y complicado. También estas excusas ayudan a conservar mitos o dichos acerca de la violencia doméstica. O sea, siguen existiendo ideas y razones falsas que tratan de justificar a los hombres que les pegan a las mujeres y de convencer a las mujeres que lo deben de aceptar como algo natural. Estos mitos circulan en la sociedad a través de revistas y novelas, en cantinas y en salones de belleza. En fin se pasan de boca en boca hasta que nadie los duda y todos los aceptan como la verdad. Lo más terrible de todo esto es que los mitos hacen que las mujeres golpeadas acepten que todo es por su culpa, y que ellas crean que pueden controlar la violencia si de veras quisieran. *No creas estos dichos — son falsos.* No cambian la situación, ni ayudan en nada. Solamente permiten que las cosas se empeoren, que mujeres tengan miedo y se queden sumisas. En lugar de seguir creyendo lo que la gente dice, puedes aprender unas realidades de la violencia doméstica. La verdad será el principio para cambiar tu vida y convertir tu coraje y frustración en acción y realización.

Mitos y realidades

Mito #1   Las mujeres golpeadas se quedan porque les gusta.

FALSO   A nadie le gusta ser amenazada, ser cacheteada, ser aventada, ahorcada o pateada. No es fácil dejar a un hombre que es tu única forma de mantenimiento, un hombre que te amenaza hasta con la muerte si te vas. Es difícil dejarlo si no tienes adónde irte y si tienes hijos a que tienes que dar de comer. Una mujer no se queda en un matrimonio violento porque le gusta, sino porque muchas veces la presión de su familia, su iglesia y comunidad la dejan sintiendo que ella tiene pocas, si alguna, salidas.

Mito #2   Si ella se aguanta por bastante tiempo, las cosas cambiarán y se mejorará la relación.

FALSO   Si la mujer no se va, si no busca ayuda legal o psicológica con su marido, es posible que el abuso físico y mental se empeore, no que se mejore. Muchas mujeres se quedan esperando que el abuso pare. Unas al fin se van cuando la violencia es tan seria que ellas quieren matar al abusador, o saben que la próxima vez él las va a matar. Es peligroso llegar hasta este punto de desesperación; la mitad de todas las mujeres asesinadas en los Estados Unidos son asesinadas por sus esposos o novios.*

Mito #3   Si no tomara, no golpearía a su esposa o compañera.

---

* R. E. Dobash, R. Dobash, *Violence Against Wives: A Case Against the Patriarchy*, The Free Press 1979, página 17.

FALSO Aunque en muchas relaciones el alcohol parece provocar el asalto o incitar el comportamiento violento, mujeres son golpeadas por hombres en su juicio y por hombres que no toman. El alcohol es solamente parte de la razón por la que él abusa. A veces el alcohol les da a los hombres un sentimiento de valor falso. No se puede decir que es la única causa, o que si deja de tomar también va a dejar de pegar.

Mito #4 Las mujeres se merecen ser golpeadas porque se portan mal.

FALSO Nadie se merece ser golpeado no importa qué ha hecho. Las mujeres que son golpeadas saben muy bien que la mayoría de las veces la violencia no tiene motivo. Si ella sirve la cena fría o caliente, tarde o temprano, ella no le da gusto. Su coraje y sus deseos de controlarlo todo son las causas de sus estallos, no lo que ella haga o no haga.

Mito #5 Si él trabaja, trae dinero a la casa, y es bueno con los niños, una mujer no debe de exigir más. Ella debe de aguantar sus defectos.

FALSO No debemos perdonar la violencia no más porque un hombre es bueno con los niños y trae su paga a la casa. *La violencia doméstica no debe ser permitida por ninguna razón.* La esposa debe ser tratada decentemente como cualquier miembro de la familia. ¡Nadie dijera que está bien si una mujer sigue con un hombre porque no más abusa a los niños!

Mito #6 La violencia doméstica no afecta a los niños. Ellos no se fijan en esas cosas.

FALSO La violencia en el hogar definitivamente afecta a los niños. Un porcentaje muy alto de hombres que golpean a sus esposas vieron a sus propias madres ser golpeadas.* La violencia entre esposos es un ejemplo para los niños y se puede aprender. Es muy posible que si tus niños vean esto en su casa, ellos también golpearán a sus esposas o serán víctimas del abuso. También vivir en esta clase de hogar que frecuentemente explota, puede causar problemas en la escuela para los niños. Aunque tus

---

* M. Straus, R. Gelles, S. Steinmetz, *Behind Closed Doors: Violence in the American Family,* The Anchor Press 1980, página 100.

niños no hablen acerca de la violencia, ellos saben que sí existe y sí les afecta profundamente.

Mito #7 Esto es la voluntad de Dios y nadie se debe de meter.

FALSO Puede ser que Dios disponga de mucho en nuestras vidas, pero él nunca aceptaría que una mujer sea golpeada regularmente. Hay mucho en nuestras vidas que no podemos controlar como una enfermedad fatal o la muerte de un niño, pero el control que sí tenemos se puede usar para ayudar a parar la violencia. Es muy probable que la voluntad de Dios sea que cambiemos nuestras vidas para mejorarlas en lugar de vivir entre la violencia.

Mito #8 Estoy de acuerdo de que a las mujeres no se les debe golpear, pero lo que ocurre en casas ajenas no es el asunto de nadie.

FALSO La violencia doméstica es el problema de todos. Mujeres son maltratadas y asesinadas todos los días. Este asalto está mal hecho y es ilegal. Todos debemos proponernos pararlo. Tu esposo no tiene más derecho a dañarte, que cualquier desconocido que sería encarcelado si te golpeara o te tratara de violar en tu casa.

Mito #9 Si las mujeres no se dejaran, los hombres no seguirían pegándoles.

FALSO Aunque una mujer trate de defenderse, es golpeada, a veces hasta más fuerte. La mayoría de las mujeres son físicamente más chicas que los hombres y no se van a poner a luchar con ellos.

Mito #10 La violencia entre esposos es un problema de los pobres sin educación.

FALSO La violencia doméstica es un crimen contra las mujeres y afecta a *todas* las comunidades. Mujeres víctimas del abuso pueden ser ricas o pobres; blancas, negras o latinas; pueden tener poca educación o recibirse de una universidad. Aunque conozcas a mujeres pobres que son golpeadas, también las mujeres ricas son víctimas de la violencia doméstica. Las mujeres ricas usualmente tienen más recursos para esconder sus moretes del público. Ellas pueden visitar a doctores particulares en lugar de salas de emergencia, consultar a abogados en lugar de clínicas legales, viven en terrenos menos poblados donde los vecinos no se enteran de lo que está pasando. No es común que ellas pidan ayuda de agencias públicas y así sus problemas se quedan privados. Ser golpeada no demuestra que eres pobre o que no tienes educación. Dice que alguien te está abusando físicamente y mentalmente y que tu compañero necesita ayuda inmediata. La violencia en tu hogar no deber ser un secreto vergonzoso que te impide buscar ayuda.

¿Por qué soy yo la víctima? Un perfil de la latina golpeada

La mayoría de las mujeres tienen ciertas esperanzas de su matrimonio y compañero. Puede que oigas a mujeres decir que quieren ser económicamente seguras en su matrimonio con un esposo que mantiene la casa. Quieren a alguien que sea dedicado, un esposo fiel que las proteja de apuros. El debe dedicarse al futuro de la familia, disciplinar a los niños cuando crezcan aunque no se meta con ellos cuando estén chicos. La cocina y la limpieza de la casa deben ser el negocio de la mujer; el hombre no debe meterse o criticarlo.

Aunque muchas mujeres quieren hacer sus propias decisiones, muchas veces creen que necesitan —y hasta esperan— que el hombre las apruebe. Se considera una seña de respeto y cariño cuando el hombre da su permiso, permitiendo que ella haga ciertas cosas. Por ejemplo, se oye que una mujer dice que su marido no le permite ponerse cierta cosa o que él no le permite ir a algún lado. Así él tiene el control de que su esposa se porte como una "mujer decente".

Estos papeles y esperanzas son partes de un proceso de socialización que afecta a mujeres de todos los niveles económicos y de todas culturas. Muchas ideas acerca del "lugar" de la mujer se han pasado a mujeres de madre a hija, pero también la estructura de la sociedad misma se presta para mantener estas esperanzas vivas. Se espera que nosotros cumplamos con ciertos papeles, y esto muchas veces nos limita lo que podemos hacer en el mundo, nuestro confín es el hogar, y nos fuerza a ver las necesidades de nuestros compañeros y de nuestros niños como lo principal.

También hay fuerzas culturales que forman nuestras vidas.

Como muchas otras mujeres, tú, la latina, estás en el centro de tu familia. Hay muchas responsabilidades y demandas que cumples todos los días para que tu familia pueda seguir de un día para el otro. Sin ti, la familia no estuviera completa, tú estás en el centro de la seguridad y estabilidad de tu hogar. Tú serás la que toma tiempo con los niños, dándoles de comer, vistiéndolos, atendiéndolos cuando están enfermos. Tú serás la que los disciplina, asegurándote que hagan su tarea y trabajos en la casa. Tú serás la que los educa acerca de las costumbres latinas y las tradiciones de tu familia. Tú serás la que les enseña dignidad y respeto para otros.

No importa qué simple o chica tu casa, la mantienes lo más limpia y recogida que se puede. Le das comidas calientes a tu familia todos los días, raramente usando las conveniencias instantáneas americanas. La preparación de la comida muchas veces te mantiene parada en la cocina mientras tu familia se siente y come. Das de tu tiempo a aquellos que te necesitan. Y tú también serás el principal mantenimiento económico de la familia.

Por qué tú eres la víctima de la violencia doméstica es una pregunta con varias respuestas. Unas mujeres se criaron en un hogar donde sus madres fueron golpeadas y piensan que esto es lo que pasa en un matrimonio; muchas de ellas se criaron en un hogar donde los hombres se consideraban mejores que las mujeres, y donde las niñas crecieron esperando al príncipe azul para que se las llevara lejos a vivir felizmente, donde ellas nunca decidían sus propios futuros.

Una razón común por la que un hombre abusa a su esposa, es para demostrarle que él controla el matrimonio. La socialización de las mujeres y el papel femenino con que debemos de cumplir, seguido permiten que otra persona se encargue de hacer decisiones por ellas, y los hombres seguido deciden por sí mismos hacer las decisiones por las mujeres— pensando que es parte de ser hombre. Tú ya habrás dejado de hacer decisiones en tu matrimonio o relación porque creías que era lo correcto, que así no se enojaría tu compañero, o porque las latinas "deben" de hacerlo. Hay otras esperanzas y creencias que muchas latinas aceptan, que seguido no están de acuerdo con lo que las mujeres individuales quieren para sus vidas.

Por ejemplo, antes del matrimonio, las latinas no deben tener muchos novios, pero deben poder escoger al hombre adecuado para ellas. Debemos irnos de la casa de nuestro padre a la casa de nuestro esposo, y nunca vivir solas porque esto indica que somos libertinas. Debemos de educarnos pero no tanto, porque esto puede alejar a los hombres. Si cuando andamos de solteras se sospecha que somos sexualmente activas, no debemos usar anticonceptivos porque entonces pecamos sin castigo — aunque la maternidad interrumpa nuestra educación o no nos permita desarrollar una carrera.

Se espera que nos casemos y hasta nos animan a casarnos con un hombre "que nos conviene", no necesariamente con uno que amamos. Debemos hacer nuestros esposos felices, dejar que ellos hagan todas las decisiones mayores como el jefe de la casa. Debemos tener hijos. Hijos y esposo vienen antes de todo; pensar en nosotras mismas — en lo que nosotras necesitamos — viene al último. Debemos estar a la disposición del marido, aunque esto quiera decir que tenemos que dejar el trabajo o la escuela. Debemos intervenir entre los miembros de la familia y mantener la paz en la casa. Debemos siempre respaldar lo que el marido diga, nunca criticarlo o contradecirlo en público, aunque esto indique que nunca podemos expresar nuestra opinión. Con lo que nos den tenemos que comprar mandado y pagar los gastos. Debemos de respetar y obedecer a nuestro marido. Una esposa que no obedece se considera como una mujer envidiosa y egoísta a que no le importa la familia.

La combinación de las demandas de la sociedad y la cultura y nuestras propias esperanzas dejan poco lugar para decidir lo que *nosotras* de veras queremos. No es extraño que tantas mujeres estén en una relación que no es buena para ellas ni es lo que ellas desean.

Las muchas esperanzas que te dictan lo que debes y no debes hacer, pueden ser que no te permiten decidir tu porvenir, manteniéndote sumisa, aceptando lo que pase. A veces esto es tener hijos que no quieres o no puedes criar, a veces es dejar tu educación o trabajo, o ser maltratada y golpeada día tras día. Entre más crees que debes mantenerte dócil y no expresar tus opiniones y sentimientos, más probable es que vivas una vida que no quieres, que no es de tu diseño, donde tu porvenir no está en tus manos, y donde ya no controlas el terminar tu educación, seguir tu carrera, o dejar un matrimonio violento.

Como latinas que viven entre la cultura americana, no podemos evitar una comparación de costumbres. ¿Cuáles son las tradiciones y creencias que conservamos, cuáles negamos o cambiamos? Unas costumbres latinas se pueden practicar fácilmente en los E.U. sin crear conflicto, como que la mujer cocine y limpie, o que la mujer sea la que cuida a los niños. Pero estas costumbres y otras se empiezan a dudar, parte por la influencia de vivir en los E.U. y parte porque mujeres a través del mundo están empezando a examinar los papeles tradicionales femeninos y cómo éstos pueden oprimir a las mujeres y sofocar sus aspiraciones en la vida. Como latinas, ¿cómo podemos ampliar nuestras habilidades sin perder el respeto a las tradiciones latinas? ¿Podemos desviarnos de los valores con que fuimos criadas? ¿Es posible escoger entre las costumbres latinas y americanas?

No tienes que aceptar todas, ni negar todas. Tienes la fortuna de tener fuertes raíces culturales y tambíen estar en un país donde se encuentran muchas oportunidades para las mujeres. Sí puedes cambiar tu manera de ser y también preservar y apreciar tu herencia latina. Y lo puedes hacer de tu manera, en el estilo que es correcto para ti.

¿Por qué él abusa? Perfil del latino que golpea

Potencia y fuerza de voluntad son cualidades que se encuentran en muchos hombres. A latinos como a otros hombres, se les enseña desde muy jóvenes a respetar y proteger a las mujeres, guiar y ver por el porvenir de sus familias. Para el latino la familia es sustento. Sus reglas le dan estructura y continuidad a la familia; ellas son para darles a los niños un ejemplo de lo que es decente y justo. Puede que él prefiera que su compañera se dedique al hogar, en lugar de trabajar demasiado en el empleo y descuidar a los niños. La protección que les da a sus hijas a veces parece ser exagerada, pero seguido viene de un deseo de protegerlas de las duras realidades de la vida. El se ve dirigiéndolas a un futuro decente con esposos que les ofrecen seguridad. Su manera brusca con los hijos, seguido es un intento para que se hagan fuertes de carácter para enfrentar las dificultades de la vida. Sus hijos son su esperanza para el futuro, su garantía que el nombre de la familia siga. Como otros hombres, muchos latinos viven conformes con un sistema que hace las mujeres y los niños dependientes de él para su vivienda.

La pregunta por qué un latino le pega a su esposa o compañera no tiene una respuesta definitiva. Los hombres que golpean son tan diversos como las mujeres que reciben los golpes. Algunas de las razones documentadas por las que un hombre se porta violento con su esposa incluyen la inhabilidad para manejar las presiones de la vida cotidiana, la inhabilidad para expresar sentimientos, la presencia de una agresión incontrolable, o la creencia que la violencia física es una manera aceptable de reaccionar cuando uno tiene disgustos.

Muchos hombres, latinos y no latinos, se crían viendo a sus papás golpear a sus mamás y creen que ésta es la manera de resolver conflictos. Algunos fueron ellos mismos golpeados cuando niños. Las teorías y los estudios acerca de por qué los hombres golpean, seguido dan razones que explican por qué un hombre le pega a su esposa, pero no dicen por qué los hombres dirigen su agresión a las mujeres, especialmente a sus esposas. Necesitamos saber mucho más acerca de las condiciones sociales que hacen a la mujer el objeto de la violencia.

Es posible que toleramos tanta violencia en la sociedad que una cantidad se pase a la familia, permitiendo que el hombre use fuerza física contra su esposa. Nuestra sociedad sufre de desigualdad de los sexos, que pone a los hombres en posiciones de poder; la violencia masculina seguido se usa como manera de mantener ese poder.

Aunque el motivo para el abuso sea individual, hombres que golpean, sean latinos o no, les están haciendo una declaración a las mujeres acerca de qué clase de relación ellos creen que tienen el derecho de tener. En este sentido golpear es una manera exagerada de decir, "En esta relación el hombre es superior a la mujer". Un hombre golpea para acordarle a la mujer que la relación seguirá como él quiera, que él la controla, y que últimamente él tiene el poder. *

En la cultura latina, como en otras, el hombre seguido espera ciertas cualidades en su compañera que lo permitan ser dominante y mantener el control. Cuando ellos se casan, esperan que sus esposas sean dedicadas a la casa, que hagan el quehacer, que cuiden a los niños. Quieren una mujer que les dé

---

* Susan Schechter, *Women & Male Violence: The Visions & Struggles of the Battered Women's Movement,* Boston: South End Press 1982, página 222.

su lugar como hombres, donde su machismo no se pone en duda, sino que se respeta.

Para unos latinos el trabajo fuera de la casa es manual y de poca paga, que no ayuda a darle un buen concepto de sí mismo. El latino trabaja duro y gana poco. Seguido sus oportunidades para la educación son limitadas y no lo ayudan a obtener un trabajo mejor. Frecuentemente las escuelas dirigen a los latinos a clases de mecánica, en lugar de estudios preparativos para la universidad. La discriminación interminable que el latino enfrenta en el mundo del trabajo dominado por el hombre angloamericano, es una fuente de coraje que contribuye a sus sentimientos de tener poco poder. El puede trabajar tan constante y ser tan productivo como otros, pero no se le dan las promociones tan seguidas o tan altas como las de sus compañeros de trabajo que son angloamericanos. Trabajar lo mejor que puedes y después que te ignoren al tiempo de aumentos es una experiencia desmoralizadora. Tener una familia que depende tanto de ti, ser tan orgulloso que no dejas que tu compañera trabaje, y después no tener la recompensa monetaria que te mereces, es una decepción y frustración que poco a poco mata la esperanza de un futuro mejor. Es un proceso que invita depresión, angustia y coraje. Este coraje muchas veces lo pone en contra de sus hijos y su esposa, porque regresarlo a su causa—el sistema—puede resultar en la pérdida del empleo. Tampoco solamente es el latino desventajado que le pega a su esposa. Latinos que son bien educados y que ganan bastante dinero también experimentan muchos de estos mismos efectos de racismo y discriminación que contribuyen a las causas de la violencia en el hogar.

Latinos que vienen de países que están envueltos en violencia política y problemas económicos, han tenido que enfrentar una opresión adicional que le quita a los hombres su integridad y orgullo. Los apuros que siguen un traslado de un país a otro a veces son insoportables. El hombre puede sentir una pérdida de poder, que solamente tiene control en su hogar. No serán respetados en el mundo que los rodea, pero sí serán en sus propias casas.

Como a otros hombres, al latino se le aprueba que se exprese físicamente, pero no emocionalmente. Enseñar dolor, llorar, o demostrar emociones características de las mujeres se considera ser afeminado por la sociedad. ¿Cuántas veces has oído que le digan a un niño que los hombres no lloran? Cuando tienen un disgusto son más capaces de pegar algo o gritar que llorar o calladamente enojarse. El hombre que golpea no expresa su coraje con palabras. No discute lo que le molesta. El se desahoga con lo físico.

El latino que golpea a su esposa se siente inadecuado, teme el rechazo de la mujer, y no tiene un concepto positivo de sí mismo. Maltratar a su compañera es su manera de evitar esos sentimientos de inseguridad y rechazo, demostrando su control sobre su relación. Es un comportamiento destructivo que se encuentra en muchos hombres y necesita cambio.

¿Por qué nosotros?

Es común que en muchos hogares les den importancia a las creencias que designan al hombre como la autoridad, y la mujer como la que obedece. Claro que no todas las mujeres en estas relaciones experimentan abuso físico, pero un matrimonio tradicional tiene la tendencia de reforzar ciertos papeles femeninos y masculinos "aceptables".

Sin embargo, no siempre es posible vivir en estos moldes tradicionales. Unas mujeres quisieran dedicarse a sus carreras y no tener hijos, otras quisieran tener uno o dos niños nada más. No se debe creer que todos los latinos mantienen o quieren mantener relaciones tradicionales. Pero las corrientes culturales y sociales pueden dejar poco lugar para desarrollo o cambio — y cuando hay un cambio esto puede ser traumático para la pareja.

Al entrar en una relación o un matrimonio, una pareja latina encuentra que sus esperanzas les ponen una presión que a veces los sofoca. Por ejemplo, si el hombre pierde su trabajo y la mujer tiene que trabajar, el hombre no tiene que aceptar este cambio. El puede sentirse menos porque su esposa está manteniendo a la familia. Otro ejemplo puede ser cuando el hombre se queda fuera toda la noche y la esposa quiere saber adónde anduvo. Puede ser que él se enoje y no le diga adónde anduvo — o que él crea que no le debe ninguna explicación. Como el jefe de la casa, él siente que puede hacer lo que se le antoje, cuando él quiera. El poder en la familia ya no está igual porque él tiene privilegios que ella no tiene, y el lugar de ella en el matrimonio es escuchar y guardar silencio.

Muchas parejas también tienen dificultad al hablar y los problemas que tienen se quedan entre ellos sin resolver. El hombre puede tratar a su compañera como una criatura y no revelar sus inseguridades, temores, o sueños. El hace las decisiones de la casa e impone sus opiniones en todos los miembros de la familia, sin considerar lo que ellos piensen. Los problemas siguen creciendo y la pareja, por su inhabilidad para la comunicación, se separa más y más cada día. Y si él quiere resolver todos los problemas con golpes, entonces no hay lugar para disgustos, mucho menos discusión.

Nuestra cultura, nuestras normas sociales, y nuestra disposición psicológica trabajan juntos para hacer que unos hombres abusen y que unas mujeres sean las víctimas del abuso. No hay una manera segura de evitarlo, ni un remedio fácil para curarlo. Entre más las mujeres se enteran del problema, y entre más se estudia acerca de las causas, quizá podamos algún día evitarles a generaciones próximas el dolor de las relaciones violentas.

Un patrón de abuso: La hebra que nunca se acaba

Para unas parejas parece haber un patrón a la violencia en sus hogares. Un periodo de felicidad, donde todo parece estar bien, es seguido por un aumento de tensiones y otro incidente de maltrato. No todas las parejas siguen el patrón presentado aquí y no todas lo siguen en el orden presentado aquí. Este ciclo de violencia fue documentado por Lenore E. Walker, y se discute en su libro, *The Battered Woman,* * *La Mujer Golpeada.* Es un ciclo que ella observó en muchas parejas. Como la mujer en la pareja no puede parar el ciclo, ella se siente cada vez más rendida y desamparada con cada repetición. A veces esto es otra razón por la que ella no se sale de la relación. Como una mujer golpeada puede ser que reconozcas este ciclo.

La Primera Etapa Es donde las tensiones entre los dos empiezan a concentrarse. Incidentes ocurren que consideras menores y que tratas de ignorar. El te empuja o te pega un poco, y también tiene berrinches. Tratarás todo lo posible para calmarlo, a veces tomando toda la culpa por lo que pasó o tratando de no estorbarle para nada. Negarás tus mismos senti-

---

* Lenore E. Walker, *The Battered Woman,* New York: Harper & Row 1979, página 55-77.

mientos de coraje y sufrimiento para no empeorar las cosas. Piensas en excusas para él y te echas la culpa si él se enoja. Típicamente él es muy celoso, posesivo, y verbalmente abusivo. El tormento psicológico para ti puede ser insoportable.

La Segunda Etapa Es donde las golpizas más serias ocurren que pueden durar desde unas horas hasta unos días. El parece estar fuera de control y no puede parar de pegarte hasta que se siente emocionalmente agotado o piensa que ya te castigó suficiente. Tú te sentirás que provocaste la golpiza. Muchas experimentan nerviosidad, depresión, dolores de estómago y de cabeza esperando el desahogo físico del hombre. Seguido interviene la policía en esta etapa.

La Tercera Etapa Comunmente se reconoce como la luna de miel. El pide perdón y te jura que nunca lo volverá a hacer, te promete la luna y las estrellas. Para algunas mujeres esto es el principio de una nueva relación con la esperanza que el abuso jamás ocurrirá. Ellas tratan de olvidar lo pasado del maltrato físico y psicológico, y hasta se convierten en la dulce esposa que él siempre ha querido. Otras mujeres toman este tiempo cuando él está arrepentido para salirse de ese matrimonio. El horror del asalto y el tratar de negar el incidente se les pasa, y ellas saben bien lo que sigue: la primera etapa otra vez.

Cada etapa dura más para unas parejas y menos para otras. Para unas parejas son años entre cada una. Si tú te ves en algún punto de este ciclo, necesitas ayuda para que los dos puedan salir de esto. Puedes sentir que no hay nada que puedes hacer, que no eres capaz de parar el abuso. Debes de darte cuenta que cualquier persona que ha sido lastimada como tú puede perder la voluntad y la fuerza física que son necesarias para decirle no al abuso. Tu esperanza que él cambiará puede ser que se acabe, pero tu situación no está sin alivio. Nueva esperanza para una vida mejor fuera de esta relación te puede dar nueva fuerza y motivo para seguir adelante. Sigue leyendo para más información de cómo parar la violencia y vivir sin ella.

Haciendo La Decisión De Quedarte O Salirte

¿Por qué te quedas?

Puede ser que haya varias razones por las que te quedas con un compañero que te maltrata. Posiblemente sientes que no es correcto que una mujer viva sola o posiblemente esperabas que tu matrimonio fuera por vida. Dejar a un hombre a veces se considera como una confesión de la mujer que ella es un fracaso como esposa y madre. Estas y otras razones hacen que mujeres toleren un hombre violento y hacen difícil el dejarlo. Aquí hay otras posibles razones por las que te quedas:

- No sabes adónde ir por ayuda donde él no te encuentre y te maltrate.
- Crees que él te va a golpear hasta más o te va a matar si lo dejas.
- No tienes dinero y no tienes un oficio para mantenerte sin él.
- No crees que la gente te crea que él es tan malo, porque se porta tan bien con todos.
- Siempre has sido esposa y madre. Si te separas de él, entonces, ¿qué es tu deber?
- Crees que el matrimonio es por vida y de veras lo quieres.
- Tienes vergüenza contarle a alguien que tu esposo te trata tan mal y sientes que lo estás traicionando si se lo dices a alguien.
- Tu religión se opone al divorcio.
- Los niños necesitan a su papá.
- No crees que otra persona pudiera quererte como se debe.

Me darán la mano o la espalda: Tu familia

La familia es el apoyo principal de la cultura latina. Amor, cariño, educación, alegría y dirección es lo que muchos de nosotros hemos encontrado en ella. La familia es un refugio lejos de los problemas y las exigencias de la escuela y el trabajo. No importa qué tan humilde o pobre, la familia es una fuerza que fortifica y que inspira a muchos latinos, pero no a todos. Hay familias donde el alcoholismo, el uso de drogas, o la violencia hacen imposible que la familia funcione de una manera amorosa y que dé apoyo.

Hace diez o veinte años una mujer nunca pensaría en apartar a la familia para su propia felicidad o seguridad, ni en sueños. Ella tenía que esperar y tolerar el abuso o el abandono hasta que el esposo muriera, y con suerte ella no se había hecho muy vieja. La mujer golpeada no quería que la gente se enterara de su problema en el hogar y entonces guardaba silencio. Si ella dejaba a su marido era algo para dar vergüenza y algo para chisme.

Ahora las cosas han cambiado un poco. Una mujer puede terminar con una relación que no le conviene y no ser culpada por haber apartado a la familia, sino ser felicitada por haber tenido la fuerza para empezar una vida mejor para ella y para sus hijos. Empezando de nuevo nunca es fácil, pero muchas mujeres que lo han hecho dicen que sí vale la pena.

La familia, los hijos, y la doctrina religiosa, pueden imponer el ideal de la familia en las latinas, seguido haciendo la alternativa de salirse del hogar muy difícil. Este ideal a veces pone tanta presíon para que te reconcilies con tu marido, que te sientes confundida acerca de qué es tu deber. De una manera sabes que ya no puedes vivir con un compañero violento, pero también quieres mantener tu familia junta y evitarles el dolor de una separación.

Es posible que tus familiares no sepan todo de lo que está pasando entre tú y tu compañero. Puede ser que te da vergüenza admitir que has tolerado a un hombre que te maltrata y te pega. No quieres asustarlos y que piensen que la situación es más seria de lo que es, y que ellos vayan a hacer algo drástico cuando todavía no estás lista para eso. No quieres que odien a tu esposo, especialmente si todavía estás tratando de componer tu relación de alguna manera. Y si tu familia lo estima y lo acepta, temerás que ellos no vayan a creerte.

Si no le has contado a tu familia lo que te está sucediendo, si te estás haciendo como que nada está mal, tú misma te has negado el apoyo y entendimiento que tu familia te puede dar si confías en ellos. Ocultar tu dilema de tu familia no más ayuda a prolongar el abuso. No te puedes separar, no lo puedes arrestar o meter a la cárcel, no te puedes divorciar sin que se entere tu familia que algo está mal. Hacerte la que no tiene problemas también le da al que te abusa permiso para que siga portándose mal. Aunque hay familias que culpan a la mujer y no le ofrecen apoyo, muchas familias quieren ayudar de cualquier modo posible.

Si la familia que sabe del problema culpa a la mujer, esto puede ser porque ellos han aceptado los dichos o mitos acerca de la violencia doméstica. Ellos le dirán a la mujer que ella simplemente lo tiene que parar, que tiene que trabajar más duro como esposa o madre, que cocine mejor, que no salga o trabaje fuera de la casa. Pero éstas son excusas que simplifican el problema y le quitan toda responsabilidad a él. Si tu familia te ve como responsable por el abuso, ellos necesitan aprender las realidades de la violencia doméstica. (Una buena información que puedes darles está en el Capítulo 2, bajo "Mitos y Realidades".)

Algunas mujeres que le han contado a sus madres del abuso, no reciben ningún apoyo. Esto puede ser porque sus propios padres golpearon a sus madres. Si una madre siente que su obligación como esposa es quedarse con su marido pasc lo que pase, si ella misma nunca buscó ayuda, ella le dirá a su propia hija, "Aguántate, porque yo me aguanté". Te sentirás muy decepcionada si encuentras esto y es posible que si dejas a tu marido tu familia no te vaya a dar apoyo. Tú tienes que pensar en lo que es mejor para ti. ¿Qué bien le ha hecho a una mujer vivir con un hombre violento? Si es por los niños, por la familia, por las apariencias, ella es la que vive triste y sola en un matrimonio infeliz y amargado. *Si te quedas para darle gusto a otra gente, acuérdate que tú eres la que sufre más que todos a manos del abusador.*

¿Y los niños?

Muchas mujeres se quedan con un hombre violento por el porvenir de los niños. Quizá tu sientes que los niños deben criarse con su padre, que tus hijos te van a odiar si te separas de su papá, especialmente si él los trata bien. Si tu compañero te da dinero para ropa y comida puede ser que sientes que no es justo quitarles esta seguridad financiera a los niños. Si quieres irte lejos del hombre, puede ser que no quieras sacar a los niños de la escuela e interrumpir sus clases.

Quizá quieras dejar tu seguridad para más adelante en el futuro si no sabes dónde vivirás ni cómo. Puede ser que sientes que se ve feo que una mujer sola críe a sus hijos, que no más vas a hacer errores con ellos.

Es más probable que dañes más a tus hijos por vivir en un hogar violento, que si se crían sin su padre, o si tienen que vivir en varias partes por un tiempo, o si tienes que salir de la casa para trabajar. Muchos adultos quisieran creer que porque los niños están chicos ellos no comprenden o no se fijan en lo que está pasando. Esto NO ES CIERTO. La violencia en la familia tiene un efecto muy profundo en los niños. Las cicatrices psicológicas que obtienen por vivir en este tipo de hogar, son una forma de abuso de los niños. Muchos niños sufren de uno o más de los siguientes síntomas como resultado de la violencia:

- Son extremadamente callados y reservados
- Aprenden muy despacio en la escuela
- Sienten que se merecen ser víctimas
- No se pueden concentrar
- Tienen dificultades muy serias en la escuela y necesitan ayuda especial
- Son violentos con otros niños incluyendo a sus mismos hermanos
- Parecen ser demasiado incontrolables y caprichosos

Cuando estos niños crecen a ser adultos, los efectos pueden ser hasta más serios. Estudios indican que muchos hombres que golpean a sus esposas fueron golpeados como niños o vieron a sus madres ser golpeadas.* Nuestra casa es nuestra primera escuela. Si vemos que el conflicto se resuelve con la violencia, entonces aprendemos a pegar cuando estamos enojados o disgustados. Tus hijos pueden imitarte a ti y a tu compañero cuando ellos crezcan.

También porque aprenden a tolerar la violencia en su casa, pueden aprender a tolerar la violencia afuera de su casa. Hasta pueden ellos mismos hacerse violentos, peleando con todo el mundo por lo que ven y oyen en su casa. Todo esto indica que es muy probable que tus hijos golpeen a sus esposas, y que tus hijas sean golpeadas por sus maridos si se quedan en una situación donde la violencia ocurre y si ellos no reciben consejos cuando salgan de esa situación.

---

* M. A. Straus, R. Gelles, S. Steinmetz, *Behind Closed Doors: Violence in the American Family,* The Anchor Press 1980, página 100.

Si no crecen a ser los que golpean o las víctimas de la golpiza, puede haber otras consecuencias de la violencia. Como te oyeron mentir o quedarte callada para no enojar a tu marido, ellos también pueden decir mentiras para evitar conflictos. Pueden tener mucho trabajo en expresar sus disgustos de una manera constructiva, que los satisfaga y que los haga afirmar sus derechos. Ellos se pueden sentir culpables y responsables por los problemas entre ustedes dos, o culpables por no haber hecho algo para parar las golpizas y protegerte. También aunque tu pareja no te esté pegando, los niños pueden nunca sentirse tranquilos porque saben que nunca es seguro lo que él va a hacer, y saben que él explota sin motivo y sin aviso. Esto causa una tensión y mortificación que siempre están presentes. Así que los niños pueden andar preocupados y temerosos cuando están en la casa y cuando están en la escuela. Aunque tú eres la víctima, ellos pueden aprender a odiarte porque quieren que hagas algo para parar la violencia pero te ven sin poder. Ellos se cansan de verte golpeada y llorando y quieren que hagas algo.

Muchos niños, aparte del abuso psicológico que experimentan, son víctimas del abuso físico. A veces el abuso físico resulta sin querer cuando el niño se mete entre los dos padres tratando de parar la pelea. En otros casos el abuso físico es intencional por uno o los dos padres. Esto puede resultar del coraje y frustración que tienen o porque no pueden ajustarse a las presiones y demandas de la vida. Muchas veces ocurre porque los mismos padres vieron que los problemas en sus casas fueron tratados de la misma manera con la criatura como objeto del coraje, aunque la criatura no tiene la culpa.

Si tú o tu esposo les está pegando a los niños, es muy importante que pidan ayuda inmediatamente. La vida de tu criatura va de por medio y necesita protección. Puedes llamar a una línea telefónica para el abuso de los niños para enterarte acerca de qué ayuda se ofrece y cómo puedes empezar a parar esta violencia. Estas líneas se contestan por consejeros preparados que comprenden tu situación y quieren ayudarlos.

Otra clase de abuso que sufren muchos niños es el abuso sexual. Niños y mujeres han sido víctimas de este abuso a través del tiempo. A veces el que abusa de ellos es su propio padre, o puede ser su padrastro, hermano, o medio hermano. Personas que abusan sexualmente de los niños, generalmente no tienen buenas relaciones sexuales con sus compañeras y no tienen buenas relaciones con otras gentes. Ellos no tienen un buen entendimiento acerca de cómo sus actos afectan a los niños.*

El abuso sexual es algo horrible para cualquiera. Sus efectos son extensos y perjudican muchísimo. No más porque la víctima es niño o muy joven, no quiere decir que no les va a afectar más adelante en sus vidas, por cierto que la mayoría del tiempo sí les afecta. Unas señas del abuso sexual de niños son:

- La criatura demuestra un conocimiento del sexo exagerado y prematuro para sus años
- Se encuentran moretes, inflamación, o heridas en la boca, ano o genitales, o hay evidencia de semen
- La criatura tiene una enfermedad venérea en los ojos, en la boca, ano o genitales
- Una niña está embarazada y parece tener miedo, ser callada, o tener mucha angustia

Si tu criatura te cuenta de un abuso sexual, lo encontrarás difícil de creer al principio. Pero los niños no tienen fantasías de relaciones sexuales y no las fabrican. Si tu criatura te lo dice, es porque ella o él lo vio o alguien abusó de ella o él. Créele a tu niño o niña. Un compañero que abusa de ti también es capaz de abusar de tus hijos. Si tú crees que tus niños han sido abusados sexualmente, haz algo INME-DIATAMENTE. Puedes hablar a un centro para víctimas de la violación o un centro para el abuso del niño para ayuda e información de qué puedes hacer. Es importante que hagas algo para ayudar a tu criatura. *Acuérdate, entre más que te esperas, más ellos sufren.*

¿Qué dirá la iglesia?

Dejar un matrimonio violento te hace pensar en muchas cosas. Probablemente vas a considerar cómo se va a sentir tu familia, cómo van a reaccionar tus amistades. Hasta empezarás a preguntarte a ti misma, qué clase de persona eres. ¿Dividir a la familia indica que eres una persona mala, una madre inadecuada, una mujer egoísta? ¿Estás deshonrando tus obligaciones a la iglesia? ¿Te puedes separar de tu esposo y seguir siendo una buena cristiana? Y hasta puedes sentirte mal por no tener ningunas dudas acerca de dejarlo.

---

* Christine C. Herbruck, *Breaking the Cycle of Child Abuse,* The Winston Press 1979, página 29.

Muchas mujeres encuentran valor y fuerza en su fe. Si eres religiosa, tu fe puede ayudarte y hacerte fuerte en momentos tan críticos como éste. Tu fe puede reforzar tu confianza en ti misma e inculcar una nueva esperanza para una vida mejor fuera de esta relación violenta — en un tiempo cuando te habías rendido completamente. La asistencia a servicios religiosos te puede mantener en contacto con gente fuera de tu casa, que quizá puedan ofrecerte asistencia concreta, y hasta apoyo espiritual o emocional. Tu iglesia, tu templo, o tu sinagoga puede familiarizarte con servicios que jamás conocías y que te pueden servir. El padre de la iglesia, el ministro o rabí puede ofrecerte consejos que pueden abrir puertas para un futuro que no creías posible.

La fe a veces puede impedir que mujeres hagan lo que es mejor para ellas y sus hijos. Unas mujeres golpeadas creen que Dios quiere castigarlas, que este hombre es su cruz y que ellas se merecen este tratamiento. La iglesia a veces no aprueba el divorcio o la separación por su énfasis en la importancia de la familia, las virtudes del sacrificio y el sufrimiento, y lo sagrado del martirio. En la iglesia católica no se acepta que uno se divorcie si se casó por la iglesia; es posible que mujeres piensen que no pueden separarse sin merecerse el castigo de Dios. También muchos padres o ministros no conocen el problema de la violencia doméstica y no comprenden qué tan serio es. Ellos le dirán a la mujer con toda confianza que debe tratar de ser una mejor esposa y madre. Estos consejos no la ayudan porque ignoran el abuso del hombre completamente y no ayudan a parar la violencia y la agresión.

Es importante creer que Dios no quiere que vivamos una vida amargada, llena de coraje. La violencia en el hogar destroza la habilidad de la familia de funcionar con amor como Dios ha dicho. La vida con un hombre abusivo hace que la familia sea incapaz de dar y de recibir amor. Un matrimonio agresivo no permite que la pareja se respete y se honre, no permite que esta pareja les dé amor y entendimiento a los hijos. Un matrimonio violento no tiene armonía, sólo discordia. Los miembros de la familia no pueden ayudarse los unos a los otros porque no hay respeto ni cariño. Muchas veces es imposible que los miembros de la familia se lleven bien, y también pierden la habilidad de llevarse bien con personas fuera de la familia.

La violencia doméstica afecta a todos, no solo a ti por ser la mujer golpeada. La violencia contra cualquier persona, sea entre familia o no, es totalmente opuesta a lo que las creencias religiosas enseñan: amor y respeto para todos. Dejar a un hombre que abusa, divorciarte de tu esposo, separarte del padre de tus hijos, puede ser la única manera de honrar la palabra de Dios. Acuérdate que Dios no quiere que suframos, sino que todos nos queramos y respetemos. La relación abusiva niega la existencia de la persona que es golpeada, le quita la dignidad a la persona que golpea, y reduce al mínimo el respeto a la vida humana.

Muchas iglesias creen en los derechos de la mujer, pero el cambio es lento. Cuando los padres de la iglesia, los ministros, o rabís te culpen por la violencia, comprende que ellos son humanos y capaces de error.

Haciendo la decisión para parar el abuso

Es posible que él te haya dicho, probablemente un millón de veces, que no sirves para nada, que eres una estúpida, y que nadie te quiere ni te respeta. Es posible que ahora lo aceptes como cierto. No lo creas. No necesitas pensamientos negativos que no más te hacen daño; este modo de pensar te hace rendirte. Sí puedes hacer una vida mejor para ti y tus hijos. Te mereces una vida sin violencia y sí puede ser una realidad.

Nadie te puede decir si debes dejar a tu compañero o si debes seguir con él. Esta decisión será tuya solamente. Debes saber que no podrás darle gusto a toda la gente. Siempre habrá alguien que no va a aprobar la decisión que tomes. Tomando esto en cuenta, es preferible que lo que vayas a escoger sea lo que sientes ser mejor para ti. Hay ventajas y desventajas en cada decisión y solamente tú sabes con qué puedes vivir. Aquí están unas desventajas de salirte que puedes considerar:

- Quizás tendrás que pedirle a alguien en que confías que te deje quedarte en su casa.
- A lo mejor tendrás que buscar un lugar donde vivir que puedas pagar con tu solo ingreso.
- Puede ser que no tengas un ingreso seguro.
- Es posible que tengas que buscar un trabajo o solicitar *welfare*.
- Puede ser que tengas que sacar a tus hijos de su escuela.
- Puede ser que no tengas tus prendas personales y preferidas que tenías en tu casa como tu televisión, tus trastes o tu ropa.
- Puede ser que te preocupes por si tu esposo o novio te moleste o moleste a tu familia.

- Es posible que tengas que buscar ayuda legal para impedir que tu esposo se lleve a tus niños.
- Puede ser que no le puedas decir a nadie dónde estás por un tiempo.
- Tendrás que explicarle a tu familia y tus amistades por qué ya no vives con tu compañero.

Estas desventajas son posibilidades al salirte de un matrimonio o noviazgo violento. La mayoría de las desventajas son pasajeras y tienen que ver con dónde vivir y cómo mantenerte. Aquí están unas ventajas al salirte:

- Tu vida y salud ya no serán amenazadas por una persona que conoces íntimamente.
- Tus hijos ya no serán testigos a las golpizas en su propia casa.
- Nuevas amistades y relaciones con tu familia serán posibles.
- Puedes tener nueva confianza y el concepto de ti misma se mejora tanto para que cosas buenas te ocurran.
- Puedes estar en una posición para hacer tus propias decisiones y rehacer tu vida.
- Tendrás la esperanza otra vez que puedes vivir una vida mejor.
- Ya no estarás ansiosa ni nerviosa preocupándote por si él llega de buenas o malas.
- Puedes salir sin pedir permiso.
- Puedes tener invitados a tu casa.
- Tus hijos, tu familia, y la gente a tu alrededor te respetarán de nuevo y aprenderás a estar con amistades que te respetan.

Acabar con la violencia es una de las cosas más difíciles e importantes de tu vida. Las opciones y salidas mencionadas aquí se basan en lo que les ha dado buenos resultados a otras mujeres en esta situación. Las maneras de salir de una relación violenta son muchas, y tan distintes como las mujeres que lo han hecho. No hay una manera fácil que no tome tiempo y trabajo. Además, no siempre estarás cien por ciento segura de lo que estás haciendo. Va a haber días cuando quisieras nunca haber tomado esta decisión, y días cuando vas a dudar si de veras tienes lo necesario para triunfar. Todas las que han estado en tu lugar se han sentido así y es perfectamente normal. A veces lo que requiere valor para lograrse, requiere también un poco de miedo.

Puede ser que pienses que no eres bastante fuerte para enfrentar las dificultades de salirte, pero sí puedes encontrar la fuerza que necesitas para empezar de nuevo. No creas que por-que te aguantaste tanto tiempo que eres débil. Tampoco tienes que odiarlo para dejarlo, por cierto que puedes tenerle cariño y hasta amor. Pero esta clase de amor entre los dos mata el alma y destruye tu sentido de ti misma. Querer a alguien no quiere de-cir que tienes que ser un mártir, sacrificando tu vida para él y exponiendo a tus hijos a una vida de violencia en su propia casa.

El mito dice: Si lo quieres, debes aguantarle todo, no im-porta qué horrible o cruel. La realidad dice: Nadie tiene que vivir con un hombre que no sabe amar sin golpes. No se puede vivir de promesas y malos tratos. La violencia no es parte del amor. A veces querer a alguien quiere decir que lo tenemos que dejar por su bien. Posiblemente cuando lo dejes él se dará cuenta que necesita ayuda y la buscará.

Capítulo 4

Ayuda De Emergencia: La Policía Y La Asistencia Médica

Si vives con un compañero que seguido explota, es posible que nunca estés segura qué tan fuerte o serio te va a golpear. Es posible que algún día tengas la necesidad de llamar a la policía o ir a una sala de emergencia. Si temes que te golpee, si te está golpeando, o si estás herida, debes buscar ayuda de emergencia. La policía y el hospital te pueden dar ayuda inmediata y pueden asegurar que tus heridas no sean serias y tratarlas. También pueden asistirte en encontrar servicios auxiliares y consejos. Ellos pueden separarte de tu asaltante para que no corras el riesgo de volver a ser golpeada. Ellos pueden hablar con él del mal que te ha hecho y cómo esto puede amenazar a tu vida. Acuérdate, cualquier ataque es contra la ley. Si tu compañero golpeara a un desconocido, él o ella no perdería tiempo en llamar a la policía. Tú también tienes el derecho de seguridad y protección de la policía. Es un derecho, no un privilegio.

Llamando a la policía

Cuando le hables a la policía diles que necesitas ayuda. Si es posible, diles lo que tu compañero está haciendo. Diles si tu esposo anda armado, drogado, o borracho. Diles si estás herida. Si no hablas inglés y la operadora no habla español, di lo más necesario. Le puedes decir a la operadora tu nombre, tu domicilio y que necesitas ayuda. En inglés se dice, "I need help." Esto debe ser suficiente para que manden a un patrullero a tu casa. Si el patrullero que llega a tu casa sólo habla inglés y necesitas un intérprete, dile al oficial que no entiendes lo que te está diciendo. Puede ser que entonces consigan y manden a un policía bilingüe. Muchos esposos que hablan inglés lo usan como ventaja y le explican todo lo que ellos quieren al policía y la mujer se queda sin poder comunicarse. Si es posible, trata de nunca usar a tu esposo como intérprete. Puedes llamarle a una vecina o quizá uno de tus niños más grandes te puede ayudar.

Cuando la policía llegue van a querer hablar contigo y con tu compañero. No tengas miedo, no has hecho nada malo. Harán esto antes de que tomen cualquier acción. La policía tiene varias opciones ya cuando estén informados acerca de lo que ocurrió y tú debes saber de ellas. No más porque les hablaste no indica que necesariamente lo van a arrestar. Por supuesto que la mayoría del tiempo no lo arrestan. Unos policías están informados acerca de la violencia doméstica y te ayudarán más. Otros, creyendo los mitos acerca de la violencia doméstica, no ayudarán tanto. No todos responden igual. Aquí está lo que la policía puede hacer:

- Pueden arrestar a tu compañero.
- Pueden hablar con los dos y "calmarlo".
- Pueden recomendar que tú te vayas y ayudarte a encontrar dónde quedarte.
- Pueden demostrar poco interés viendo que estás bien.
- Se pueden enojar contigo y regañarte por haberlo enfurecido.

También lo que puede ocurrir es que la policía no te trate como trataría otras llamadas iguales porque no eres americana, de origen anglo-sajón, o porque no hablas bien el inglés. Es posible que no te escuchen o que no hagan nada para ayudarte porque sienten que no debes estar en este país o no vales la pena ayudar. Hay policías que creen que las latinas son sueltas, flojas, tontas, pasivas y que los latinos por naturaleza son violentos, de mal genio y que tienen el derecho de abusar a sus esposas. A veces hasta los policías latinos no quieren ayudar porque simpatizan con el asaltante y no quieren arrestar a otro latino. Esto no es correcto ni bien hecho, pero sí ocurre. En este caso tendrás que hacer valer tus derechos. Tendrás que ser firme, saber tus derechos e insistir que ellos hagan algo. No dejes que te manden, que te traten como criatura, o que te culpen por lo que tu compañero hizo. Es muy importante que ellos te tomen en serio en este momento crítico, no dejes que tomen tu situación ligeramente. Trata de hablar calmadamente y claramente y déjalos saber qué tan asustada y amenazada te sientes. Entre más seguido la policía vaya a tu casa, más probable que no te tomen tan en serio como la primera vez.

Si no tienes papeles para estar en los Estados Unidos legalmente, necesitarás hablar con un consejero de asuntos migratorios antes de que tengas cualquier contacto con el sistema judicial. Lee el Capítulo 8 para información.

Arrestando a tu compañero

No es fácil arrestar a tu esposo o novio. Puede ser que no quieras tanto escándalo en tu casa; te puede dar vergüenza tener que hacer algo tan público. Además, le puedes tener lastima a tu marido o sentirte culpable. Es posible que lo hayas dejado hacer tantos abusos sin castigo, que ahora parece fuera de carácter hacer algo tan serio como llamar a la policía y arrestarlo. Muchos hombres quedan sorprendidos cuando ven a su esposa hacer algo tan serio, y hay algunos que se asustan tanto que paran el abuso por completo. Nadie puede garantizar cómo va a reaccionar tu esposo, pero es importante considerar la ayuda de la policía como una alternativa. A veces arrestándolo es la única manera de salvarte de mayores heridas o de la muerte.

Un estudio muy interesante fue conducido en el Departamento de Policía de Minneapolis, Minnesota. Allí compararon maneras de tratar a los hombres que golpean a sus esposas. Ellos querían buscar la manera más efectiva de evitar que esta violencia se repitiera. Una manera que trataron fue no más hablar con el golpeador, otra manera fue separar a la pareja después de la golpiza y la otra manera fue arrestar al golpeador y mantenerlo preso por lo menos unas veinticuatro horas. Encontraron que en la mayoría de los casos donde arrestaban al asaltante, él no volvía a pegarle a su esposa y la ayuda de la policía no fue necesitada otra vez.* Es posible que al arrestar al hombre uno le demuestre que nadie va a tolerar su violencia—ni tú ni la policía lo va a permitir.

Cómo arrestar a tu compañero

Cuando ya le hayas hablado a la policía y estén en tu casa o en donde ocurrió la golpiza, es posible que tu compañero sea arrestado. Su arresto depende de varias cosas, así que no esperes que la policía

---

* Este estudio fue conducido por la Fundación Policíaca de Minneapolis, Minnesota por Lawrence Sherman y Richard Berk con fondos del Instituto Nacional de Justicia.

lo arreste tan pronto como lleguen. Las leyes tocante al arresto para casos domésticos, varían considerablemente. Unos estados tienen arresto obligatorio. Con el arresto obligatorio la policía TIENE que arrestarlo si creen que él te ha asaltado. Para saber si tu estado tiene esta ley, llama a un refugio para mujeres golpeadas, el departamento de policía más cercano, al *legal aid* o la corte.* Esta ley se considera un avance muy grande para ayudar a mujeres golpeadas y ha ayudado a parar la violencia contra ellas.

En la mayoría de los estados tu esposo o novio puede ser arrestado si:
- La policía ve que te pegó.
- Ellos llegan después del asalto y creen que hubo un crimen — por ejemplo si estás herida o si te amenazó con un arma de muerte como una pistola o un cuchillo.
- Tienes una orden de protección contra él y la policía lo ve violarla. (Para información acerca de estas órdenes, lee el Capítulo 6.)

No es seguro que lo van a arrestar si:
- No lo vieron pegarte y no tienes heridas aparentes. En este caso ellos piensan que no hay evidencia suficiente para probar que te asaltó.

Algunos policías coperan más que otros. Muchos resisten arrestar a esposos después de una pelea. Ellos saben que no siempre los detienen por mucho tiempo y creen que no vale la pena. Algunos creen que cuando un hombre le pega a su esposa es un asunto entre ellos y que la policía no debe de meterse. También es común que los mismos policías les peguen a sus esposas y ellos tienen este mismo problema en sus casas. Puede ser que no te tomen en serio porque no eres angloamericana o porque les has hablado muchas veces. También muchas mujeres deciden no seguir con los cargos despúes de que arrestan al hombre. Seguido mujeres se sienten mal por haber arrestado al esposo o tienen miedo de lo que va a hacer cuando salga de la cárcel. Esta es otra razón por la que los policías no vengan a rescatarte como tú quisieras tan pronto como lleguen — creen que te vas a arrepentir y no le vas a hacer cargos. Sea la actitud de los patrulleros lo que sea, tú tienes el derecho a la protección de la policía y el

---

* La lista más reciente de estados con esta ley de arresto obligatorio incluye a Delaware, Maine, Minnesota, North Carolina, Oregon, Utah, y Washington. (Esta lista viene del Centro Para el Estudio de Pólizas de La Mujer, 2000 P Street NW, Suite 508, Washington, D.C. 20036.)

derecho de que arresten a tu esposo o novio por haberte golpeado.

Para aumentar la posibilidad de que la policía arreste a tu asaltante, puedes:

- Contarle a la policía lo que sucedió, lo más calmado y detallado que puedas. Trata de comunicarles qué tan serio estuvo. Incluye los nombres de cualquier persona que vio el asalto.
- Contarle qué tan amenazada te sentías. Les puedes decir algo como, "Yo creí que me iba a matar", o "La última vez que me golpeó tuve que ir al hospital".
- Contarle acerca de otros incidentes violentos recientes.
- Enseñarle dónde te golpeó, enseñarle tus moretes o heridas. Enseñarle ropa rota o cosas quebradas.
- Enseñarle cualquier documento legal que tengas para alejar al golpeador de ti, como una orden de protección.

Siempre es buena idea tomar los nombres y números de los patrulleros. Si tú crees que los patrulleros deben arrestarlo y ellos se niegan, habla otra vez a la estación y pide al supervisor. Dile quiénes son los patrulleros y da tu queja contra ellos por no haber arrestado a tu asaltante.

Aunque no arresten a tu marido, los policías deben de tomar un reporte. El reporte debe explicar todo lo que pasó, si estuviste herida, o si tu propiedad se dañó. También debe decir si hubo testigos. Este reporte puede servirte de mucho si quieres obtener una orden legal para mantenerlo lejos de ti, un divorcio, o si te decides a arrestarlo después. (El Capítulo 6 tiene información detallada para estas opciones legales.) Antes de firmar el reporte, dile al policía que te lo lea para asegurarte que entiendes lo que está escrito y que la información esté correcta.

Si la policía llega y tu esposo no está presente, ellos de todos modos deben tomar el reporte. También puedes ir a la estación de policía y dar un reporte si no les hablaste cuando ocurrió el incidente. Es mejor que vayas lo más pronto posible. Si puedes, ve en las mismas veinticuatro horas. Si te esperas más tiempo es posible que los policías crean que el incidente no es tan serio o que no más lo estás haciendo para vengarte de un hombre. Si estás interesada en cargar a tu asaltante con un crimen, la corte toma a un reporte reciente con más seriedad.

En la mayoría de los estados, usualmente cuando arrestan a un hombre por asalto físico lo detienen por unas horas nada más y luego lo dejan ir. Puedes hablar a la estación de policía y preguntar si lo han soltado o si sigue detenido. Si crees que él va a volver para golpearte otra vez, quizás quieras irte a la casa de una amiga o de un pariente, o pedirle a alguien que se venga a quedar contigo. Tal vez quieras hablarle a un refugio para mujeres golpeadas para buscar dónde quedarte en esta emergencia. El capítulo que sigue tiene más información acerca de cómo salirte de tu casa y cómo encontrar refugio.

Obteniendo la ayuda médica

Si piensas que necesitas ayuda médica, NO TE ESPERES PARA CONSEGUIRLA. Si la policía está en tu casa, ellos te pueden llevar a una sala de emergencia. Muchas veces mujeres tienen huesos quebrados o necesitan puntadas y no reciben asistencia médica porque tienen vergüenza, miedo, o porque quieren negar la seriedad de lo que les ha pasado. Debes ver a un doctor y dejar que él o ella te diga que estás bien.

No te arriesgues a lastimarte más por un descuido. Muchos doctores que han tratado a mujeres golpeadas se admiran de qué tanto dolor las mujeres pueden soportar sin ver a un doctor. Es posible que pienses que tus heridas no son serias, pero un golpe a la cabeza puede resultar en una concusión o coágulo de sangre en el cerebro, un brazo o una pierna hinchada puede indicar un hueso quebrado, y un ojo moreteado puede dañar la vista. Parte de tu esfuerzo para liberarte de este hombre abusivo requiere que te sepas respetar mentalmente y físicamente, y tu bienestar físico es íntegro para tu bienestar mental.

Nunca ignores síntomas serios como no poder respirar, o tener un dolor que no se va o sangre que no para. NUNCA creas que si no le pones atención a tu dolor, que sólo se va a desaparecer. El dolor es una seña natural del cuerpo para advertirte que algo puede estar mal. Viendo a un doctor pronto puede salvarte tu vida, una parte del cuerpo, evitarte complicaciones, y hasta ahorrarte dinero después. No tengas miedo, ni seas tan orgullosa que no te permites ayuda médica. Cuidado inmediato no se puede comparar. El Apéndice al terminar el libro contiene información muy importante acerca de los primeros auxilios que te pueden ayudar mientras esperas a ver a un doctor.

Si estás herida y no tienes a un doctor que ver inmediatamente, ve a la sala de emergencia de un hospital. Trata de ir con una amiga. El personal que admite a los pacientes te hará unas preguntas. Di la verdad y cuéntale a esta persona cómo te lastimaste. Pide que te dejen esperar al doctor en otra sala si piensas que tu compañero se va a aparecer en el hospital. Si tu esposo o novio te acompaña al hospital, puede ser que no sea posible contarle al personal que te admitió cómo te lastimaste. Cuando estés sola con el doctor o la enfermera, haz el propósito de contarles la verdad. Es importante que ellos sepan cómo te lastimaste y que ellos lo documenten. El hospital no envuelve a la policía sin tu permiso. La documentación que el hospital toma puede servirte después para probar que el abuso es serio, si algun día demandas a tu compañero.

Muchos hospitales tienen personal bilingüe en sus salas de emergencia. A veces si no tienen, puede ser que traigan a un empleado de otro departamento para que te interprete.

Aunque los doctores y las enfermeras trabajan en una capacidad profesional, ellos pueden creer los mitos acerca de las mujeres golpeadas que acusan a la mujer como causa de la violencia. Puede ser que no simpaticen con tu situación y que no sean sensibles a tu estado emocional. Además, el personal de un hospital, incluyendo a los doctores, puede ser que no respete a los latinos. Puede ser que te traten con soberbia o de una manera descortés, e irrespetuosa, especialmente si es un hospital completamente americano. Puede ser que no te tomen en serio, que crean que estás mintiendo, o que eres una estúpida porque no hablas el inglés o porque lo hablas con un acento. No hay ninguna excusa para este comportamiento. Tú tendrás que ponerte a la altura de las circunstancias. Esto se hace siendo firme, haciendo preguntas cuando las tengas, y no dejando que el personal del hospital te despida como "otra-mojada-que-fue-golpeada".

Ya cuando te vea el doctor, es una buena idea que notes quiénes fueron los que te atendieron. Esto ayuda a documentar tu visita. Cuando ya estés lista para irte, pide que te dejen salir por otra puerta si crees que tu esposo o novio te está esperando afuera. Si tienes miedo regresar a tu casa y no tienes adónde ir donde estés segura, éste puede ser el tiempo para buscar un refugio. Si el hospital ha sido bueno contigo, es posible que ellos te ayuden a buscar un refugio de emergencia. Si no pueden, probablemente vas a necesitar otras opciones para encontrar refugio. (Lee el Capítulo 5.)

Si no tienes seguro médico, o seguro médico pagado por el gobierno, o dinero para pagar tu consulta al hospital, el hospital puede mandarte a otro hospital donde tratan a personas que no pueden pagar (si existe uno en tu ciudad). Generalmente esto se hace solamente con casos que no son emergencias.

También, una opción que tienes es mandarle los cargos del hospital a tu esposo. Después de todo, él es responsable por haberte causado ir al hospital. En un caso, una señora había sido golpeada por su esposo que era dueño de tres negocios y muy rico. Como muchos esposos abusivos, él nunca le daba dinero y ella no sabía si tenía seguro médico. Por semanas ella aguantó el dolor de una muñeca deslocada, después de que él la jaló al suelo. Ella no tenía el dinero para un doctor y le daba vergüenza ir a una clínica u hospital donde tratan a los que no pueden pagar. Por fin decidió ir con un doctor y mandarle los pagos a su esposo. Así consiguió la atención médica que necesitaba tanto y el esposo, increíble pero cierto, pagó todos los gastos para no arruinar su buen crédito.

Dejando Tu Casa, Encontrando Refugio

Son las dos de la mañana y estás acostada. Tu esposo llega a la casa después de haber tomado bastante. Te haces la dormida para que no te moleste. Lo puedes oír hablándose solo en voz alta. Empieza a insultarte y se tropieza con unos zapatos que se quedaron en medio de la recámara y pierde su balance. Te empieza a pegar con los zapatos, sus puños y con todo lo que se encuentra. Te jala de la cama por los cabellos y empieza a patearte. Te esfuerzas para pararte y corres a la recámara de los niños. Ellos están asustados y están llorando y gritando. Afortunadamente tu esposo se cae de borracho en la cama y se duerme. Ya ha hecho esto antes y probablemente se va a despertar en unas horas y seguir con sus golpes. Esta vez te vas a ir antes de que se despierte. Pero, ¿adónde te vas a ir? ¿A quién le puedes hablar? ¿Quién va a querer ayudarte en medio de la noche, con tus niños, sin dinero y posiblemente con una nariz quebrada?

Para muchas mujeres este incidente es no más uno de muchos. Sus vidas siguen como antes, con los insultos y la brutalidad. No tienen a nadie que las ayude y no saben qué pueden hacer. Hay otras mujeres que hacen que éste sea el último ataque que soportan. Ellas usan los recursos que se ofrecen para empezar una vida lejos de la violencia en sus casas. Unas lo logran de un momento a otro, y otras planean el cuándo y cómo cuidadosamente.

Mujeres golpeadas que se salen de sus casas frecuentemente se quedan en la casa de una amistad, un vecino, o un pariente por unos días o unos meses. Allí esperan recibir esperanza, apoyo, y distancia del compañero. Unas escogen hablar con una organización para mujeres golpeadas en su ciudad para ayuda en buscar refugio y consejo. A veces la decisión de mudarse para unas mujeres es permanente, pero es común que mujeres vuelvan a sus casas varias veces antes de hacer un traslado permanente. Las razones por las cuales se vuelven son muchas. A veces es porque él ha prometido parar de pegar, o porque él está yendo con un consejero; seguido es porque no tienen adónde ir y no tienen manera de mantenerse económicamente.

Ventajas y desventajas

Dejar tu casa es algo que puede dar buenos resultados si te sientes lista y tomas el tiempo para planearlo. No más porque tu amiga o tu mamá cree que te debes ir no es razón suficiente para hacerlo. Si no te sientes lista para irte pero sientes que tienes que hacer algo, puedes llamar a una línea telefónica para mujeres golpeadas y empezar a hablar con una consejera. Si te quieres ir y estás buscando una parte dónde vivir, tienes varias opciones.

- Te puedes quedar con una amiga o pariente que te deje vivir con ella hasta que encuentres tu propia casa.
- Puedes comunicarte con un refugio para mujeres golpeadas y quedarte allí.
- Puedes conseguir una orden de la corte que saca a tu marido de la casa. (Ve en el Capítulo 6 bajo "Ordenes de protección".)
- Si tienes dinero, puedes quedarte en un hotel hasta que encuentres dónde vivir.
- Puedes buscar a otra mujer que no tiene para vivir sola y así pueden repartirse los gastos entre las dos.

Tus opciones dependen de los que te rodean que dan apoyo, de qué tanto dinero tienes, y qué tan lista estas para vivir lejos de este hombre. El vivir lejos del que abusaba de ti normalmente toma tiempo para lograr porque has invertido tanto emocionalmente en la relación y porque has sufrido un daño psicológico por vivir con una persona que te abusa.

¿Cómo sabes si estás lista para dejarlo? No hay manera de saber por seguro, pero si no puedes soportar otra golpiza, si crees que la próxima vez que te golpee lo vas a matar, si estás cansada de siempre andar con miedo, si estás preocupada por el bienestar de tus hijos, has comenzado en el camino para parar el abuso.

Una manera de explorar qué tan lista estás para dejarlo es comparar las ventajas a las desventajas de irte. Una lista en el Capítulo 3 menciona algunas. Trata de hacer tu propia lista. En un papel escribe en un lado todas las ventajas que tienes si te quedas y en el otro lado todas las desventajas si te quedas. Esto te puede ayudar a ver qué es lo que consideras importante en irte y en quedarte. Planear un poco adelante puede reducir las dificultades de irte. No tienes que estar preparada para todas. Una buena amiga o un pariente te puede dar apoyo para ayudarte a empezar de nuevo.

Si decides irte y no tienes nadie cerca que te ayude o si su ayuda está limitada, debes buscar ayuda de un refugio para mujeres golpeadas. Consejeras y trabajadoras del refugio están familiarizadas con los problemas que tengas y ellas tienen la habilidad para hacer tu cambio de la casa de tu marido a tu propia casa más fácil. Puede ser que no quieras hablar detalladamente de las golpizas o del abuso sexual con tu familia o amigas y es posible que te sientas más cómoda explicándole tu situación a una consejera. Hablar con alguien que entiende, que no te va a juzgar, es importante para el proceso de sanar tus heridas — emocionales y físicas — y para quitarte la culpa de lo que ha pasado. El apoyo y las amistades que pueden resultar de quedarte en un refugio son inapreciables.

Refugios para mujeres golpeadas

Los refugios para mujeres golpeadas tienen líneas telefónicas las veinticuatro horas con consejeras que están entrenadas para ayudarte en una emergencia; también pueden hospedar temporáneamente a mujeres que han sido golpeadas por sus esposos o novios. Mujeres que han sido golpeadas llaman en todas las etapas de su crisis. Seguido hablan buscando apoyo y consejos cuando primero empiezan a tener problemas con sus compañeros. Pero seguido mujeres hablan buscando ayuda de emergencia: Tienen que irse de sus casas porque están en peligro y no tienen dinero, o adónde irse. En estos casos un refugio las puede ayudar.

Los refugios no son para todas las mujeres. Sí son un asilo seguro para muchas mujeres, pero no se deben usar simplemente como un retiro o para asustar a un esposo por un fin de semana.

Un refugio sí te puede ayudar si tú:
- Quieres apoyo y consejos por consejeras entrenadas
- Necesitas un sitio donde estar fuera de peligro
- Quieres tiempo para pensar en tus problemas y buscar soluciones
- Necesitas ayuda con la disciplina de tus niños
- Necesitas ayuda legal, médica, o de vivienda

Puede ser que un refugio no es para ti si tú:
- Quieres un lugar donde estar sola
- Quieres tu cuarto y tu baño privados
- No quieres ayudar a limpiar y a cocinar
- No quieres consejos
- Quieres un lugar callado y tranquilo

Qué puedes esperar en un refugio

Refugios normalmente son casas particulares que se han convertido para hospedar a varias mujeres y sus hijos. El número de mujeres que se quedan en un refugio cambia de día en día. En muchos de los refugios te puedes quedar de una semana a un mes, dependiendo de sus reglas. Como la mayoría de refugios tienen poco espacio, puede ser que tengas que compartir tu recámara y baño con otras mujeres.

La comida se prepara en una cocina que todas usan. Unos refugios compran todo el mandado y las mujeres toman turnos cocinando, en otros las mujeres compran su propio mandado y no más cocinan para ellas mismas. Todas las mujeres limpian la cocina después de usarla; también son responsables por limpiar lo que sus hijos ensucien.

El refugio puede tener juntas cada día o cada semana —con todas las mujeres— para ayudar con transporte u otros problemas, para ayudarlas a hacer citas, u ofrecer información de otros servicios. El personal del refugio también se junta con cada mujer individualmente para discutir sus planes y ayudarla a realizarlos. Las consejeras no te dicen qué hacer, ni hacen tus decisiones. Te dan el apoyo que necesitas para hacer cambios en tu vida. Ellas te pueden ayudar a explorar tus opciones, descubrir cómo te sientes, y ayudarte con esos sentimientos. El propósito es ayudarte a encontrar la fuerza que necesitas para hacer las mejores decisiones para tu situación. El refugio está para darte seguridad, tiempo, y apoyo. Es un asilo lejos de la violencia de tu casa.

Cuando ya estés en el refugio, puedes ir y venir cuando quieras, no es un centro de detención. Es posible lograr hacer mucho de lo que necesitas cuando estás en el refugio, como obtener ayuda legal, ver a un doctor, o encontrar dónde vivir.

El alcohol y las drogas que no sean recetadas no se permiten en el refugio. Diles a las consejeras si eres adicta a drogas o al alcohol. Ellas pueden ayudarte a encontrar centros donde dan consejo y donde tienen programas para ayudarte a vencer tu dependencia en estas substancias.

El sitio del refugio es completamente confidencial para la protección de todas las mujeres y las consejeras. Eso quiere decir que *nunca* debes darle el domicilio a otra gente. Nadie quiere que se aparezca un esposo enojado y violento en el refugio. Esto es algo muy serio y aunque ya no estés en el refugio debes honrar esta regla para la seguridad de todas las mujeres que necesiten refugio después de ti.

Si tu ciudad es grande es posible que encuentres un refugio exclusivamente para latinas, pero no son muy comunes. Otros refugios incluyen a consejeras que hablan español entre su personal. Desafortunadamente, hay refugios que no han progresado bastante para incluir las necesidades de mujeres que no sean americanas. Es posible que no te tomen si no hablas inglés. No es tu culpa que su ayuda se limita para aquéllas que hablen el inglés nada más. Probablemente esto simplifica su trabajo pero al mismo tiempo limita su ayuda tremendamente. Sí es posible que te admitan si uno de tus hijos puede interpretar para ti.

La mayoría de los refugios son para mujeres de todos colores. Encontrarás mujeres negras, asiáticas, latinas, y americanas todas juntas. Como pocas mujeres están acostumbradas a vivir íntimamente con un grupo tan mixto, esta mexcla de nacionalidades puede causar algunos problemas. A veces la gente también tiene la costumbre de traer la situación mundial — la situación social — dentro del refugio. Por ejemplo, si hay problemas entre mexicanos y negros en tu barrio, es posible que veas a mujeres negras en el refugio con prejuicios y no les des la oportunidad para que te conozcan y se hagan amigas.

Es importante que todas en el refugio se esfuercen para llevarse bien. Piensa en todo lo que tienes en común con las otras mujeres, y no te pongas a pensar en las diferencias. Es muy fácil sentirse superior al hablar mal de otra persona. Pero esto no más logra separar al grupo en un tiempo cuando necesita estar junto y pone mujeres las unas contra las otras cuando necesitan juntarse y luchar contra un problema común — la violencia del hombre.

No hay lugar en los refugios

Los refugios para mujeres golpeadas normalmente no tienen mucho dinero. Esto quiere decir que no tienen muchas camas y seguido están llenos a capacidad. Lugares se desocupan cada pocos días y a veces son difíciles de conseguir. Es muy probable que el día que tu quieras ir el refugio esté lleno. Aquí hay unas cosas que puedes hacer para evitar esta situación y mejorar tu oportunidad de encontrar lugar.

• Escoge una semana en la que quieres ir, en lugar de un día si es posible. Llama cada mañana de esa semana para ver si hay camas desocupadas. Puedes arreglar ropa días antes y tener todo listo para el día que tengan lugar para ti.

• Si tienes que huirte de tu casa y el refugio donde has llamado no tiene lugar, llama a otros refugios como los del Salvation Army o del YWCA o de alguna iglesia. Estos refugios hospedan a hombres, mujeres, y niños que no tienen adónde ir, y te puedes quedar allí por uno o dos días, hasta que el refugio para mujeres golpeadas desocupe un lugar.

• Pídele al refugio donde has llamado que te dé los números de teléfono de otros refugios en otras ciudades. Para algunas mujeres esto da hasta mejores resultados porque no se les ocurre a sus esposos buscarlas fuera de la ciudad y las mujeres se sienten más seguras. Unos refugios hasta hablan por ti para acomodarte. Quedándote fuera de la ciudad normalmente indica que tienes el dinero para llegar al refugio, a menos que el refugio pueda ayudar.

• Considera la opción de obtener una orden de protección contra tu compañero donde lo sacan de la casa, si existe tal orden en tu estado. Con esta orden tú te puedes quedar en la casa y él es el que se tiene que salir por orden de la corte. (Lee el Capítulo 6 para detalles acerca de las órdenes de protección.)

Hogares seguros

En unas ciudades encontrarás lo que se llaman "hogares seguros" o "casas seguras" en lugar de refugios. Estas casas son residencias particulares de mujeres y sus familiares quienes ofrecen sus casas como lugar seguro para mujeres que han sido golpeadas. Allí puedes vivir por un tiempo. Las estancias varían y dependen de qué tan bien te llevas con la familia. Usualmente la agencia que patrocina este programa entrevista cuidadosamente a las familias que quieren ofrecer sus casas para juntar a las mujeres que quieren participar con la familia adecuada. Una manera de encontrar este sistema de casas seguras donde vives, puede ser a través de una iglesia o centro de mujeres. Estas organizaciones seguido quieren ayudar a mujeres golpeadas pero no tienen el dinero para establecer un refugio.

Casas seguras pueden ser algo muy bueno para alguien que necesita un lugar dónde quedarse pero prefiere quedarse con una familia. Hay limitaciones en estos arreglos que debes saber.

• Tendrás que volver a la agencia patrocinadora para consejos y otros servicios. Es posible que la persona que ofrece su casa no esté entrenada para darte consejos.

• Es posible que tengas que esperar unos días o hasta unas semanas por un lugar. La agencia patrocinadora no siempre puede hacer los arreglos para tu estancia inmediatamente.

• Es posible que sea tu responsabilidad ir y venir de un lugar a otro. El hogar en que te encuentres tal vez no tiene carro para llevarte y traerte adónde necesitas ir para consejos, para aplicar para ayuda del *welfare*, para ir a tu abogado o doctor. Ellos no siempre tienen el dinero para darte para que tomes transporte público.

• La familia puede estar fuera todo el día. No tendrás ningún apoyo durante el día cuando a veces se necesita ánimo para salir y buscar dónde vivir o buscar un trabajo.

• Es posible que te quedes en la casa la mayoría del tiempo y estés aislada. La estructura de los refugios y el número de mujeres asegura que siempre haya una consejera durante el día con quien puedes hablar.

Desafortunadamente, no siempre podrás escoger entre un refugio y un hogar seguro, especialmente si no más hablas español. En mi experiencia he visto que este sistema trabaja mejor para mujeres americanas. La agencia patrocinadora no trataba de incluir a hogares donde se hablaba español y nunca tuvieron hogares latinos. Las mujeres que no más hablaban español no eran consideradas como residentes posibles por el problema del idioma.

Tratar de incluir a latinas para que ofrezcan sus casas a mujeres golpeadas que no conocen, tampoco es algo fácil por las siguientes razones. Primero, en nuestra cultura no siempre es aceptado que admitemos a desconocidos a nuestras casas. Eso lo reservamos para la gente de confianza. Segundo, seguido no tenemos el lugar necesario para acomodar a otra persona, ni tenemos el dinero para darle de comer a gente fuera de la familia. Tercero, el número de latinos que están informados acerca de la violencia doméstica y que pueden ofrecer ayudar es limitado.

Este sistema de casas seguras en la comunidad latina pudiera dar muy buenos resultados y ser una buena manera de que unos ayuden a otros. Así una latina pudiera quedarse con gente que la comprende y que la hace sentirse cómoda.

Dejando tu casa: La historia de una mujer

Es posible que la situación en tu casa es tan violenta, que tratar de salirte es como tratar de escapar de una cárcel. Es posible que no tengas la oportunidad de obtener una orden de protección, o consultar a una consejera, mucho menos divorciarte. En este caso cada paso que tomes para salirte de tu casa es crítico y si lo planeas, tendrás más ventajas. Esta mujer es un ejemplo de alguien que lo hizo.

Irene se casó cuando tenía cuatro meses de embarazada. Su esposo estaba en la cárcel la mayoría del tiempo hasta que nació su hija Angelita. Cuando su esposo salió de la cárcel y volvió a la casa él le prohibió a Irene que viera a su familia o que visitara a sus amigas. El le dijo que tenía que quedarse dentro de la casa cuando él no estaba y que nunca saliera sin él. El pasaba varias veces al día para asegurarse de esto y hasta sus amigos le daban la vuelta a la casa. Irene tenía un terror de salir de la casa y que su esposo se enterara. No tenía teléfono, televisión, ni radio. Sus hermanas venían a visitarla a ella y a Angelita, pero su esposo no le permitía pasarlas aunque él no estuviera en la casa. El compraba todo el mandado y Irene ni podía ir a la tienda. Sus golpizas no eran seguidas, pero tenía un temperamento de lo peor y siempre le andaba gritando a Irene. Después le empezó a pegar a la niñita que solamente tenía dos meses de nacida. Le daba cachetadas, la nalgaba y le tapaba la boca para que no llorara. La ensartaba con alfileres cuando dormía y luego le pegaba cuando lloraba.

Irene estaba desesperada y atrapada. Ella empezó a bañarle la comida del esposo con insecticida para las cucarachas esperando que él se envenenara y se muriera. Pero eso no le dió resultados. Por fin Irene le escribió una carta a su familia rogándoles que la ayudaran, que hicieran todo lo posible para rescatar a Angelita y a ella. Irene se arriesgó mucho en poner la carta en un buzón —la cosa más valiente que ella ha hecho en toda su vida, ahora dice. Al recibir la carta su hermana empezó a comunicarse con varios refugios en el siguiente estado. Cuando encontró lugar en uno, la familia fue a la casa de Irene sin ningún aviso. Su hermana le tocó la puerta y dijo, "Vámonos. Ahorita es cuando". Irene se llevó no más lo que Angelita y ella traían puesto. Manejaron hasta encontrarse con un carro que habían rentado para salir del estado. De allí manejaron hasta el lugar donde se habían citado con una trabajadora del refugio. Irene se quedó allí por varios meses hasta que pudo ahorrar bastante dinero de sus cheques de *welfare* para rentar un apartamento con otra mujer del mismo refugio. El refugio estaba impresionado con la determinación de Irene y la dejaron que se quedara más de los treinta días que acostumbraban. Ella todavía vive en ese estado, y es posible que nunca pueda volver a su pueblo. Pero está fuera de peligro y su bebita está brotando con el amor de su madre.

Este escape fue bien planeado y resultó como ellos pensaron. Si tu situación es tan desesperada o parecida, es posible que también tengas que escaparte de un momento a otro con poco tiempo.

Cómo irte de tu casa sin peligro

* Si piensas quedarte en un refugio, llama con tiempo para que tengan lugar para ti y para tus niños. La mayoría del tiempo estos refugios están llenos y no todos aceptan a mujeres los fines de semana o a medianoche. Es posible que no puedas ir cuando

quieras.

• Arregla lo que quieres llevar poco a poco. De este modo tu compañero no sospechará que te vas y el día que te tengas que ir solamente tendrás que recoger tu bultito de ropa e irte. Lleva ropa para una o dos semanas nada más. Puedes poner tu ropa en bolsas de plástico si no tienes velices.

• Llévate tu tarjeta de seguro social y la de los niños si la tienen, los certificados de nacimiento, las tarjetas de inmigración, las notas del banco, la tarjeta del seguro médico, la licencia de casados — en fin, todos los papeles que son de importancia. Es buena idea que los juntes con tiempo para poder llevártelos en un momento y no tener que buscarlos a última hora. Si tu compañero tiene algunos de estos papeles llévate lo que puedas.

• Si es posible, vete de la casa cuando tu esposo anda de buenas, así no sospechará que te vas. Hay esposos que en cuanto se enteran de que sus esposas se quieren ir, esconden las tarjetas de inmigración, les quitan el poco dinero que tienen, o hasta dejan de trabajar para no dejarlas en la casa sin vigilancia.

• No está bien ni es justo que tengas que dejar tus muebles o aparatos, pero puede ser el precio que pagarás para escapar una vida de tormento. Tener que dejar estas cosas enfurece a muchas señoras. Rehusar dejar lo material ha detenido a unas mujeres. *Acuérdate que las cosas materiales se pueden reponer, PERO TU VIDA NO.* Es mejor que te vayas con un poco de dignidad, y sensatez que quedarte con todas las televisiones del mundo. Después de que te vayas, si quieres volver por tus cosas puedes llamar al departamento de policía para que te acompañen. Ellos pueden ir contigo y esperar que rápidamente recojas tus pertenencias.

• Si necesitas el carro, piensa en llevártelo. Tú lo vas a necesitar mucho más que él, especialmente si tienes niños chiquitos. Si puedes, llévate el comprobante de dueño. Este es un papel color de rosa que en inglés se llama el "pink slip" y lo necesitas si quieres vender el carro. En un estado con leyes de propiedad común, la mujer tiene derecho a toda la propiedad que la pareja obtuvo después de casarse, aunque no esté en su nombre y aunque ella no haya pagado por ella.

• Llévate todo el dinero que esté en la casa. Si tienen una cuenta en el banco juntos, tú tienes el derecho a todo el dinero que esté allí. El dinero te va a servir de mucho y tú tienes derecho a él. Si tu compañero tiene el librito de la cuenta, sí puedes sacar dinero si les dices que se te perdió o que simplemente no lo traes contigo. Si quieres, habla al banco antes de ir para saber si puedes sacar el dinero sin que le avisen a él.

• Si te da un diario o dinero cada quincena, puedes tratar de ahorrar de este dinero. Se sabe de mujeres que ahorran poco a poco hasta tener suficiente para irse. Esto toma tiempo, pero puede ser que sea la única manera de juntar el dinero que necesitas para alejarte de tu casa o comprar boletos para el camión.

• No le digas a nadie que te vas, solamente si puedes confiar en ellos cien por ciento o si te van a ayudar a escaparte. Corres el riesgo que amigas, familiares o vecinos le cuenten al que te abusa, sin comprender la gravedad de la situación. No puedes arriesgarte a que se entere. Es posible que jamas te vuelva a dejar sola.

Entre menos te preparas para tu escape, más probable que las cosas no te salgan bien. Todas quieren evitar encontrarse sin tener adónde ir, sin tener dinero, y estar con sus niños cansados y hambrientos; en fin, encontrarse en una situación donde lo único que les queda hacer es volver con él. Esto no es decir que las mujeres que no se preparan no sobreviven. Sí triunfan, pero necesitas mucha suerte para que todo te salga bien y es mejor empezar con una ventaja. Salíendote de tu casa sin ponerte en peligro, ayudará a darte un buen principio a tu nueva vida.

Después de que te vayas

Vivir lejos de tu compañero que te abusa requiere que hagas planes más adelante que la primera semana, especialmente si quieres que tu salida sea permanente. Muchas mujeres se mudan a otra ciudad o pueblo para vivir sin el temor del compañero. Otras deciden irse de su pueblo para poder vivir sin los recuerdos dolorosos. Tú te irás porque quieres o por necesidad. De todas maneras no es algo fácil, especialmente si tienes poco dinero y varios niños. Para encontrar un apartamento o una casa por ejemplo, se necesitan tiempo y dinero. Muchos dueños piden uno o dos meses de renta y un depósito. Es posible que tengas que quedarte con una amiga o un pariente por unos meses hasta que encuentres trabajo o empieces a recibir cheques de *welfare*. Puede tomar varios meses para juntar el dinero que necesites. Esto te puede hacer perder las esperanzas de una vida nueva. Pero acuérdate que ya no tienes que vivir con las golpizas, los insultos, y la mortificación. Puedes considerar vivir junta con otra mujer con niños para compartir la renta y los gastos; hasta es posible que hagan arreglos entre las dos para cuidar a los niños y poder tener tiempo libre.

Si tienes niños con el hombre que te golpea, es muy posible que él vaya a querer verlos y no podrás simplemente esconderte de él. Puedes obtener la custodia legal de los niños. Así, cuándo y cómo los ve está claramente dicho. La custodia legal de los niños puede ayudarte a evitar visitas de sorpresa y contacto inesperado del padre. (Ve el Capítulo 6, bajo "Custodia legal de los niños".)

Es muy común que tengas miedo de encontrarte con tu esposo después de que te cambies de domicilio. La mayoría de las mujeres que han vivido con un compañero que las maltrataba sienten esto. Aquí están unas cosas que puedes hacer para ponerte más tranquila:

• No pongas tu nombre ni número de teléfono en el directorio. Si sientes que tienes que hacerlo, pon solamente tu primer inicial y apellido en el libro telefónico. Nunca pongas tu domicilio.

• Pon solamente tu apellido en la caja del correo.

• Piensa en cambiar tu nombre. En unos estados esto se puede hacer fácilmente y sin costar mucho.

• Explícales a tus hijos por qué se han separado de su padre y qué es lo que deben hacer si lo ven: Ellos nunca deben ir con él sin avisarte, no importa lo que él diga y siempre deben avisarte si creen que lo han visto.

• Mantén tu nuevo número de teléfono y domicilio en confianza y solamente dáselos a gente en que puedes confiar cien por ciento SIN DUDA. Es posible que unas personas no sepan cómo encontrarte por un tiempo.

• Gasta el dinero necesario para asegurar tu casa. Esto debe tomar mayor importancia. El departamento de policía puede visitar tu casa y decirte dónde necesitas seguros y hasta recomendarte qué seguros son los mejores si no sabes de esas cosas.

• Haz amigas en tu nuevo barrio para que no te sientas tan sola.

Es posible que te sientas media desamparada en un nuevo lugar aunque estés fuera de peligro. Llama a un centro de mujeres, o centro para mujeres golpeadas donde hay consejeras que pueden ofrecerte apoyo aunque no más sea por teléfono. Empezar una nueva vida te puede hacer sentirte sola y un poco deprimida. Hablando con una consejera te puede hacer sentirte mejor — no sólo es para ayudarte en tiempos de crisis. Estas consejeras están también para ayudarte a establecerte en un nuevo lugar. El Capítulo 7 tiene más información acerca de cómo obtener el apoyo de refugios, grupos de mujeres, tu iglesia, tu familia y tus amistades.

Capítulo 6

Ayuda Legal

La mayoría de las leyes contra el abuso físico han existido por mucho tiempo. Desafortunadamente, no siempre son enforzadas cuando el que ataca es el esposo de la víctima. La violencia entre miembros de la familia, especialmente esposo y esposa, es considerada por cierta gente estar fuera de la ley. Esta opinión tiene su origen en la idea que una esposa es la propiedad de su marido, y es su derecho golpearla si él desea. Esta creencia permite la violencia en el hogar librando al hombre de castigo.

La interpretación de las leyes que existen contra el golpeo y la ejecución de estas leyes han mejorado en los años recientes. Oficiales de la policía en muchas ciudades están recibiendo entrenamiento para educarlos acerca de la violencia doméstica para aprender cómo responder a las llamadas de una forma que protege a la víctima. Nuevas leyes también se han adoptado para mejorar la protección que nuestro sistema legal les da a mujeres golpeadas. No tienes que buscar ayuda en la ley para parar el abuso, y muchas veces la ley sola no es suficiente. Pero muchas mujeres descubren que usar el sistema legal les da poder y hasta les salva la vida.

Como una mujer que ha sido abusada física y emocionalmente, tus opciones legales pueden incluir demandar al hombre que te golpea, disolver tu matrimonio y recibir manutención, y hacerte el guardián legal de tus niños y recibir ayuda económica para ellos.

Ahora la mayoría de los estados han efectuado legislación extensiva para proveer a mujeres con protección legal contra el compañero que las abusa. Cada estado ha desarrollado diferentes leyes contra la violencia doméstica, y unos estados tienen leyes más modernas que otros. La información dada aquí, enseñará unas características comunes de varios procedimientos legales diseñados para ayudar a mujeres golpeadas y sus niños. Los detalles de cada ley y el proceso exacto para obtener tal ayuda es diferente en cada estado. Un refugio para mujeres golpeadas o una oficina de derechos legales te puede explicar los requisitos de las leyes y los procedimientos en tu comunidad.

Si no estás en los Estados Unidos legalmente, debes consultar a un consejero legal que sabe de asuntos de inmigración *antes* de tomar cualquier acción legal. Aunque las leyes para proteger las mujeres contra la violencia doméstica deben aplicarse igual a todas, la policía te puede pedir identificación que posiblemente resulte en tu deportación. Puedes hablar a un centro para asuntos migratorios, un refugio para mujeres golpeadas, o al cónsul de tu país para averiguar cómo la policía local trata a mujeres golpeadas que son indocumentadas. Cuando hables, diles que no tienes papeles, que tu compañero te golpea, y que quieres saber cuáles son tus opciones legales. No tienes que dar tu nombre.

Ordenes legales para alejar al que te golpea

Se encuentran varios métodos legales para mantener un hombre violento lejos de ti, sea tu esposo, ex-esposo, tu querido, o novio. La mayoría de los estados tienen leyes que permiten que las mujeres obtengan órdenes legales para prohibirle al abusador que las amenace, asalte, o moleste. El tipo de orden y su nombre varían, dependiendo de dónde vives y cómo se usa la orden — se puede llamar orden de protección, orden temporánea de restricción, u orden de no contacto. Un hombre que abusa y viola tal orden puede recibir una multa, una sentencia de cárcel, o las dos cosas. Unos estados tienen lo que se llama orden para "sacar a patadas", que saca a tu compañero de la casa donde los dos viven. (La orden de sacar a patadas también puede ser parte de cualquier orden legal mencionada anteriormente.)

Hay diferentes tipos de órdenes para mujeres en distintas situaciones, y probablemente calificarás para alguna de ellas. Por ejemplo, lo que comúnmente se conoce como "orden de protección" (también conocida como orden de restricción) usualmente se aplica si tienes una relación legal con el que te abusa, por ejemplo, es tu esposo o el padre de tu hijo. Un refugio para mujeres golpeadas o una oficina de ayuda legal *(legal aid)* puede ayudarte a encontrar cuáles órdenes se aplican para tu situación en particular y qué requisitos legales existen. Escucha cuidadosamente los requisitos y pregúntale a la persona que te dé las formas, si calificas. Quieres evitar que hagas todo el trabajo de obtener las órdenes, llenarlas y luego enterarte que no calificas para esa protección legal.

Ordenes de Protección

Ordenes de protección son órdenes legales comunes que pueden usarse para mantener al que te abusa lejos de ti. Obtener una orden de protección no es difícil, pero usualmente requiere que completes ciertas formas, que vayas a la corte, que testifiques ante un juez. Este proceso legal se debe tomar en serio. Ordenes de protección no son para toda mujer. Unas mujeres no están listas para envolver a la corte o temen la reacción de su marido o compañero. Si debes o no debes sacar estos papeles legales para ayudarte a parar la violencia, es por la mayor parte, tu decisión. Aquí está una guía para ayudarte a decidir:

Cuándo es una buena idea sacar una orden de protección:
- La policía no lo ha arrestado cuando los has llamado.
- El le tiene miedo a la ley y la respeta. No quiere ir a la cárcel.
- Te sientes más segura con la protección de la corte.
- Tus hijos necesitan ser protegidos de él.
- Tu familia necesita protección legal.

Cuándo no es buena idea o no es necesario:
- El no respeta la ley ni la policía.
- Lo han arrestado antes y no le importa si lo vuelven ha arrestar.
- Obtener papeles de la corte no tiene mucha importancia para ti.
- Te vas a ir muy lejos de él en los días que siguen. (Si vas a vivir en otra ciudad, es posible que la orden no te proteja allí. Normalmente es mejor si consigas la orden en la ciudad en donde piensas vivir.)
- Ya has tenido una orden antes y no te dio buenos resultados.

¿Cómo consigues una orden de protección?

Una orden de protección se puede conseguir en la corte municipal, en la corte del condado en donde vives, o en un centro para mujeres golpeadas. El costo por las formas usualmente es mínimo; en muchos estados son gratis. Dependiendo de donde vives, la corte también puede cobrar otro tanto para procesar las formas. Por ejemplo, en unos estados pueden cobrar de $20 a $100 por esto, otros lo hacen gratis. Si tu estado cobra por esto es posible que las puedas procesar gratis si estás recibiendo ayuda del *welfare*, o si tienes un ingreso muy bajo. Si no puedes pagar lo que te están cobrando, pide una dispensa de pago. En inglés esto se llama un "fee waiver".

Aunque tú sola puedes llenar las formas, son un poco complicadas, largas, y normalmente no vienen en español. En unos estados tienen formas muy sencillas; pero probablemente vas a necesitar alguna asistencia. Un abogado te las puede preparar, pero tendrás que pagarle por este servicio. En unas ciudades hay clínicas legales donde no cobran, o clínicas para mujeres donde cobran poco. Tendrás que averiguar en tu ciudad para encontrar a un abogado o clínica legal que puede ayudarte. (Ve las últimas secciónes de este capítulo para información acerca de cómo encontrar un abogado si no tienes dinero.)

¿Cómo trabaja la orden?

Cuando ya tengas los papeles preparados y entregados a la corte, usualmente sigue una audiencia en la corte. Esto puede ocurrir de unos días a unas semanas después de que la corte recibió la orden de protección. La razón por la audiencia es para determinar por qué necesitas la orden.

En la orden le piden a tu esposo o compañero que se presente para darle la oportunidad de que cuente su lado de la situación, para que haga preguntas, para arreglar asuntos de propiedad, y para discutir la visitación de los niños y la propiedad común. Si tu esposo quiere quedarse con los niños, probablemente necesitas consejos legales de un abogado, sea el que te ayudó con las formas o de una oficina de *legal aid*. Tienes que presentarte en la corte el día de la audiencia para que la orden sea efectiva. El juez o la misma ley del estado determina por cuánto tiempo tienes la protección de la orden.

¿Qué pasa en la corte?

Los procedimientos de la corte varían de estado a estado. Aquí está una descripción general para darte una idea de lo que puedes esperar.

El día que te tengas que presentar en la corte, el juez llamará los nombres de todos los que tienen citas ese día. Unas personas van para que les den órdenes de protección, otras para divorcios y distintos asuntos domésticos. Puede ser que el juez llame los citados dos veces para darle una oportunidad a los que lleguen tarde y para asegurarse de cuáles casos están listos. Muchas veces abogados no están listos y se presentan para pedir otra cita con el juez o a veces llegan esposos pidiendo más tiempo para buscar un abogado. Ten paciencia. Cuando el juez llame tu nombre debes pararte y decir que estás presente. Si tu esposo está allí, él también tendrá que pararse.

Si tu compañero se presenta con un abogado, no te preocupes. Probablemente no necesita un abogado pero parece que la orden lo asustó bastante para buscar ayuda legal. Usualmente el abogado quiere hablar contigo antes de entrar a la corte. Si quieres puedes hablar con él. Es posible que el abogado quiera que se pongan de acuerdo sin entrar a la corte. Nunca debes ponerte de acuerdo con el abogado de tu esposo sin obtener una segunda opinión. No te sientas apresurada. Si no te parece lo que el abogado te propone, dile eso, y espera tu turno para hablar con el juez.

Si tu esposo no se presenta ese día, tú sola tendrás que explicarle al juez por qué necesitas esta orden de protección. Esto pasa seguido. Muchos hombres no van porque tienen vergüenza, se sienten culpables, o tienen miedo. Si él no va, de todos modos te pueden dar las órdenes. Es posible que necesites un comprobante diciendo que a él se le entregaron las órdenes. El día antes de tu cita en la corte, puedes llamar a la corte y preguntar si necesitas un comprobante. (Este comprobante se llama "prueba de entrega".) Ellos te dirán y te explicarán como conseguirlo. Si tú y tu compañero se presentan ese día, el juez hablará con cada uno para que le cuenten lo que pasó. Esto toma de unos cinco a diez minutos.

Siempre es buena idea llevar a alguien contigo para que tengas compañía. Refugios para mujeres golpeadas a veces tienen voluntarias que te pueden acompañar. No te quedes sin pedirle a alguien que te acompañe; la mayoría de la gente comprende que da un poco de miedo tener que ir a la corte. Si necesitas a alguien que te traduzca, tú tendras que traer a alguien porque la corte no da un intérprete para estos asuntos civiles.

Acuérdate:

- Trata de ser breve. Cuéntale al juez todos los abusos y las amenazas más serias y más recientes. Lleva una lista escrita para que no se te olviden, especialmente si te sientes nerviosa.
- No vayas a pelearte con tu esposo ante el juez, diga lo que diga tu esposo. El juez no tolera discusiones ni peleas. Muchos jueces tienen experiencia en estos asuntos y saben que los hombres que les pegan a sus esposas no lo quieren admitir y siempre andan con excusas.
- Escucha al juez. El o ella te dirá por cuanto tiempo tienes la protección que pides, no tu marido.
- Acuérdate de decirle al juez si necesitas las llaves de tu casa, el uso del carro, o si quieres apartar un día para que tu esposo vaya y saque sus cosas de la casa si todavía no lo ha hecho. Este es el tiempo para hacer estos arreglos.
- Haz arreglos para que él visite a los niños. Si tú y tu esposo no están de acuerdo con los arreglos para visitar a los niños que están en la orden de protección, el juez puede recomendar que vayan con un consejero. La mayoría de las cortes tienen alguna clase de consejos para familias donde un consejero hace una recomendación de cuándo y cómo tu esposo puede visitar a los niños. Si crees que él se va a robar a los niños, puedes pedir visitación con una tercera persona. Esto es un arreglo donde alguien como tu mamá o hermana está presente durante las visitas.

Antes de salir de la corte, es posible que el juez te dé una fecha para volver si quieres la orden por más tiempo ya cuando se te venza. Si todavía la necesitas y quieres otro año o más meses, ve a la corte ese día y vuelve a contarle al juez por qué necesitas una extensión de las órdenes.

Ten mucho cuidado al llegar y al irte de la corte. Para muchas mujeres ésta es la primera vez que ven a su esposo desde que él se salió de la casa o desde que le entregaron las órdenes. Puede ser que él llegue con un amigo o pariente. Es mejor que en cuanto llegues a la corte te metas a la sala que te corresponde. También es posible que quieras dejar a tus niños con una amiga, en lugar de traerlos a la corte. Todas las salas de justicia tienen guardias. El guardia te puede ayudar si tu esposo te empieza a molestar. Cuando ya termines con el juez, trata de quedarte donde hay gente hasta que veas que tu marido se va. Salte por otra salida que no sea la misma. Si es posible, trae a una amiga que pueda llevarte en su carro, así ella puede ir por el carro y traerlo en frente de la salida que has tomado. Si vienes en carro o tomas el camión, métete al vehículo rápidamente y fíjate que nadie te esté siguiendo. Toma las precauciones necesarias para mantenerte fuera de peligro.

¿Cómo usas la orden de protección?

No más con tener la orden no necesariamente para el abusador de estarte amenazando o golpeando. Por eso es muy importante que sepas usar la orden lo mejor que se pueda. Aquí están unas ideas para ayudarte a enforzar tus órdenes:

• Cambia los seguros de tu casa si él tiene llaves. Revisa toda tu casa bien para que no se pueda meter sin romper vidrio.
• Diles a tus vecinos lo que ha pasado para que si lo ven te sepan avisar, o si necesitas ayuda ellos sepan hablar a la policía. Unas mujeres hasta tienen una clave con sus vecinos, como tocar la pared o cierto mensaje por teléfono, para que ellos la ayuden en una emergencia.
• Si él se aparece en tu puerta, NO TIENES QUE DEJARLO ENTRAR. Si lo dejas pasar puede ser que no lo puedas sacar sin que se altere. Si de veras quieres hablar con él, sal afuera en lo público, pero nunca salgas de noche.
• Trae los papeles contigo todo el tiempo y si puedes trata de darles copias de las órdenes a las estaciones de policía cerca de tu casa.
• Inmediatamente háblale a la policía si se te quiere meter por fuerza o si está haciendo un escándalo afuera. No trates de calmarlo, ni trates de discutir con él. Dile a la operadora que tienes una orden legal y luego explícale lo que está haciendo tu esposo o compañero. Trata de dar los más detalles que puedas para que se informen de la situación. Si la policía no llega en diez minutos, vuelve a hablar. Cuando llegue la policía y lo encuen-

tren allí, enséñales tu orden de protección e insiste que lo arresten. No dejes que tu compañero o la policía te maltrate o te diga qué hacer. Y no vayas a tenerle lástima a tu marido. Ya le diste la oportunidad para que te dejara en paz y él fue el que no la respetó, ahora tú tienes que hacer lo necesario para protegerte. *La orden es para que te deje en paz y para tu seguridad. Si no la usas como debes, es posible que no te quede otra alternativa legal para que te deje en paz.*

Haciendo una queja formal

Otra opción legal que puedes considerar es hacer una queja criminal contra tu compañero. No tienes que decidirte tan pronto que llegue la policía, pero si quieres traerle cargos, debes ser firme y claramente comunicar esto. Es buena idea comprender cómo trabaja el sistema legal y saber qué puedes esperar de el. Cargos se le pueden hacer contra tu compañero, lo arreste la policía o no—mientras haya razón para creer que se cometió un crimen. Si tu compañero ha sido arrestado por la policía, lo van a detener en la cárcel. (No tiene que violar una orden de protección para ser arrestado—lee el Capítulo 3, bajo "Cómo arrestar a tu compañero.") Unos hombres arrestados por haber golpeado a sus compañeras los sueltan después de unas horas, otros son detenidos por unos días. El tiempo que estará detenido depende de si le hacen cargos, y si paga fianza o le permiten irse bajo su propio reconocimiento. La fianza es como un depósito. Ayuda a garantizar que si lo dejan libre, volverá a la corte para que le regresen su dinero. Dejarlo ir libre bajo su propio reconocimiento indica que la corte tiene confianza que él va a volver porque tiene obligaciones a la comunidad, como ser dueño de propiedad o tener empleo seguro.

Después de haber leído el reporte que tomó la policía, el fiscal o el abogado del condado en que vives hace la decisión de hacer cargos contra él o dejarlo libre. Esta decisión la hace el abogado, no tú. Pero sí le puedes decir al abogado si quieres que le traigan cargos.

Tú no necesitas un abogado para enjuiciar al que te golpeó. Crímenes como violación, golpear a una persona, o asaltar a una persona son crímenes contra el estado. Tú eres el testigo al crimen. La gente del estado, que te incluye como testigo, es representada por el fiscal o abogado del condado, quien es el que enjuicia al acusado. Este es un proceso criminal; o sea, que el fiscal trata de probar que el acusado cometió un crimen. En contraste, un divorcio o un caso para la custodia legal de niños son procesos legales *civiles*, entre individuos particulares en lugar del estado, donde usualmente se contrata a un abogado para que te represente. (Por ejemplo, obtener un divorcio no es un crimen contra el estado, así que es la responsabilidad del individuo empezar este proceso civil.)

Debes hablar con el fiscal para enterarte si van a cargar al abusador con un crimen o si van a dejar el caso porque no hay suficiente evidencia para probar que el acusado cometió un crimen. Si abandonan el caso NO QUIERE DECIR QUE NO TE CREEN O QUE EL ASALTO NO OCURRIO. Quiere decir que el fiscal no cree que la evidencia que tiene es suficiente para probar ante un juez la verdad de qué ocurrió. En unos estados hay quejas que una persona puede hacer donde puedes seguir con el caso, aunque el abogado no quiera. Pregúntale al fiscal si hay este procedimiento en tu área.

El proceso criminal es complicado y confuso. Es muy posible que te sientas perdida en todo esto. Llama al departamento de policía o la cárcel para saber si todavía está detenido tu compañero, o llama a la oficina del fiscal. Ellos son los más apropiados para decirte qué se va a hacer con el caso y qué es lo que tú debes hacer. También en unas comunidades existe apoyo para la víctima, donde te pueden explicar cómo funciona el sistema y dónde te pueden asistir a través de las varias etapas de tu caso.

Si el fiscal decide cargar a tu esposo o compañero con un crimen, puedes demostrar tu interés y tu deseo de ayudarle al fiscal con información. Necesitarás visitar al fiscal y ponerte al corriente del progreso del caso. Es posible que el fiscal te haga las mismas preguntas cada vez para ver si estás segura de los detalles. Como tú serás un testigo muy importante, es crítico al caso que te acuerdes de lo que pasó lo mejor que puedas y que cuentes los detalles claramente. A veces ayuda apuntar los detalles cuando están frescos en tu memoria. Siempre puedes referirte a tus apuntes más adelante.

No tengas pena hacer preguntas o comunicarte con el abogado. Ellos saben que estos casos toman tiempo y ellos pueden ayudarte a entender lo que está pasando. Tú eres una persona muy importante al caso contra él que te golpeó. Entre más activa seas en el caso, más posible será una condena.

Pronto después de que arresten al golpeador, le harán una

acusación en la corte a tu compañero. Esta denuncia es para decirle al hombre qué cargos se harán contra él. El tendrá que decir si es culpable o no culpable. El juez decide en ese tiempo detenerlo en la cárcel hasta la siguiente corte o dejarlo ir. Es muy común que a los hombres que han sido acusados de asalto y agresión les den libertad por fianza o les permitan libertad bajo su propio reconocimiento.

Si hay un juicio con el juez y los abogados, es muy probable que tú tengas que testificar, contando todo lo que ocurrió. El abogado fiscal no podrá procesar al agresivo si no apareces en la corte, a menos que se encuentren otros testigos al incidente. El abogado de tu compañero te hará preguntas que posiblemente sean confusas y te hagan enojar. Esto lo hacen seguido para demostrar que el incidente fue tu culpa, que estás mintiendo, o que de veras no sabes qué pasó. Trata de estar calmada y tomar tu tiempo en responder a las preguntas. El abogado de tu compañero también tratará de avergonzarte y hasta atacar tu carácter. Aunque él esté exagerando o contando mentiras, siempre es traumático y humillante oír a alguien decir que tú tienes la culpa de la golpiza o que tú estás mintiendo. Trata de llevar a alguien contigo a estos juicios para apoyo moral y emocional.

Después del juicio encontrarán al acusado culpable o no culpable. Si lo encuentran culpable puede recibir una sentencia de cárcel, una multa, o libertad condicional. Para la libertad condicional él tiene que cumplir con ciertas condiciones. Las condiciones pueden ser que no puede salir de la ciudad, o no puede violar ningunas leyes o no puede hacer ciertas cosas, como molestarte — si no honra estas condiciones lo pondrán en la carcel. También pueden hacer que él vea a un consejero como condición de su libertad. En la mayoría de los casos donde ésta es la primera ofensa, les dan libertad condicional en lugar de una sentencia de cárcel. Si tú quieres que ciertas condiciones sean parte de su libertad, como una orden de no contacto, dile al fiscal *antes* de que el acusado sea sentenciado.

A veces antes del juicio formal se hace una petición para trato. Esta petición es entre el fiscal y el abogado que representa al acusado. Usualmente ellos se ponen de acuerdo para quitarle ciertos cargos y para que el acusado se dé culpable a otros. Estas peticiones para trato se hacen seguido y probablemente no tendrás nada que ver en el acuerdo. Unas mujeres se desilusionan muchísimo porque los cargos más serios son los que quitan sin que ella esté de acuerdo. Otras mujeres se sienten aliviadas porque no tuvieron que testificar en la corte y de todos modos castigaron al golpeador. (Aunque ciertos cargos se le hayan quitado el resultado en términos de castigo puede ser el mismo.) Aunque tú fuiste la que lo acusó del crimen, los abogados controlan el caso y estos tratos son la manera de llevar menos casos a la corte.

El divorcio

El divorcio es un proceso civil, no criminal. Esto indica que tú comienzas el proceso a través de registrar tu demanda con la corte o contratar a un abogado para que te lo haga. Es distinto a un proceso criminal porque no tiene nada que ver con el fiscal o el abogado del condado. El divorcio es una demanda entre dos personas, no el estado. También hay la separación legal, donde dos personas casadas se ponen de acuerdo para vivir aparte pero el matrimonio no se termina. La separación legal es como un divorcio en que necesitas un abogado para los papeles y puedes pedir manutención y mantenimiento para los niños. Unas personas escogen la separación legal sobre el divorcio porque aunque quieren vivir aparte, no están listos para la finalidad del divorcio. Otras razones para evitar el divorcio pueden ser las creencias religiosas o no querer perder ciertos beneficios como el seguro médico, que pueden terminar con el divorcio.

Puedes aplicar para un divorcio aunque tu esposo no quiera. Si has dejado a tu esposo no eres culpable, ni te cargarán con abandono de hogar. En muchos países de América Latina no puedes divorciarte si tu esposo no quiere y pierdes todos tus derechos a la casa y los niños si tú te fuiste. En los Estados Unidos es diferente. Puedes dejar a tu marido y no perder tus derechos a propiedad que tengan juntos o la custodia de los niños. (Si tienes una mica o no estás documentada, lee el Capítulo 8 para ver cuáles son tus derechos. Las leyes del divorcio y de la custodia legal de los niños pueden afectarte diferentemente.)

La decisión para divorciarte depende principalmente de dos cosas:

1) Que él va a comprender que todo entre los dos se ha terminado y te va a dejar en paz;

2) Tienes un abogado que te represente y te haga los trámites necesarios.

Si no tienes el dinero para un divorcio y no crees que con

divorciarte te va a dejar en paz, es posible que éste es el tiempo para una orden legal para mantener al agresivo lejos de ti. (Lee la sección anterior bajo órdenes de protección.) Mucha gente tiene esperanzas de un divorcio que no son realistas. Debes saber las limitaciones de esta maniobra legal.

No confíes en la amenaza de un divorcio para que no te golpee. Para muchas parejas la separación y el divorcio se han hablado tanto que ya no tienen sentido. Si dices que vas a divorciarte, es posible que él no te haga caso. Muchos esposos no creen que sus esposas son capaces de un divorcio y nunca les creen. Si no tienes la intención de divorciarte, no le digas que sí la tienes. Con cada promesa que no cumplas, tú te ves más débil y él deja de tomarte en serio.

Divorciarte no te garantiza que él ya no te va a golpear. Los divorcios no son inmediatos, toman tiempo. No apliques para un divorcio sin hacer arreglos para que vivan aparte. Tu abogado puede ayudarte para que tú tengas el uso temporáneo de la casa o apartamento. Tu abogado puede aplicar para una orden de protección cuando arregle los papeles del divorcio. Arreglar estos papeles juntos puede hacer que el divorcio y la orden de protección sean más fuertes y hasta te pueden ahorrar dinero en cargos del abogado. Así puedes empezar los trámites del divorcio, y también protegerte legalmente de más asaltos.

Divorcios son caros. La mayoría de los divorcios se arreglan con la ayuda de un abogado. Si tienen problemas poniéndose de acuerdo acerca de a quién le corresponden los niños o la propiedad es posible que necesites un abogado. Lo menos que cobran muchos para un divorcio son como $300. Sí hay divorcios que tú sola puedes hacer si no tienes niños o propiedad junta, y generalmente el único cargo es para registrar las formas en la corte. Pero, debes tener mucho cuidado en usar este método. Es posible que tu esposo te haga ponerte de acuerdo en cosas que no quieres. Querrás separarte tanto y ya terminar con él, que le dices que sí a todo lo que él quiere. Tener un abogado te puede ayudar a obtener los arreglos que más te convienen y hasta evitar peleas con tu marido. También, las formas no vienen en español y es posible que necesites ayuda con ellas si no dominas el inglés.

Si no quieres estar casada con él, te puedes divorciar ya que no vivas con él, cuando estés segura físicamente y cuando te lo puedas permitir emocional y económicamente. Puede ser muy pesado buscar dónde vivir, buscar cómo mantenerte, y buscar manera de pagarle a un abogado. Tu seguridad viene primero.

Ya que vivas aparte y no estés en peligro, puedes pensar en un divorcio y la custodia legal de los niños. Toma un paso y después el otro, y todo lo que quieras se logrará más fácil.

La custodia legal de los niños

La custodia legal de los niños es un trámite legal que permite que un padre o una madre se encargue de los niños y responda por ellos. Es una buena idea obtener custodia legal de tus hijos si temes que su padre se los quiere llevar sin tu consentimiento. Necesitas un abogado para determinar la custodia legal en la corte, estés casada o no. (Si tienes una mica o no estás documentada, lee el Capítulo 8 para más información.) Si tú te vas de la casa o si él se va, los dos tienen el mismo derecho a los niños. Si él se los lleva, no te los tiene que devolver hasta que tú tengas la custodia legal. Si quieres, en estos papeles le pueden permitir que él visite a los niños y también se puede incluir arreglos para el mantenimiento de ellos. Desafortunadamente, muchos papás se roban a los niños aunque la mamá tenga custodia legal. Algunos niños "perdidos" en los Estados Unidos en realidad han sido robados por el padre que se los lleva fuera del estado donde le dieron custodia legal a la mamá.

Si temes que el papá trate de robarse a tus niños — por ejemplo, si él te ha amenazado que te los va a quitar — puedes tomar unas precauciones extras para proteger a tus niños. Puedes empezar por decirles que nunca deben ir con su padre de ninguna manera, no importa lo que él diga. Aquí están otras ideas para aumentar el conocimiento de tus niños y ayudarles a que se cuiden.

• Asegúrate de que tus niños se saben sus nombres completos, el domicilio de la casa y el número de teléfono. Esta información debe incluir el estado en donde vives y el área telefónica. Enséñales cómo comunicarse con la operadora y marcar larga distancia.

• Toma fotografías de tus niños cada año. Si algo les ocurre tendrás una representación reciente de cómo se ven.

• Diles a tus niños que nunca deben abrir la puerta cuando tú no estés en la casa y que nunca le digan a nadie por teléfono que están solos.

• Nunca dejes a tus niños solos en el carro. Anímalos a que

caminen y jueguen con otros niños.

- Asegúrate que la escuela o el centro donde los cuidan entregue a tus niños solamente a ti. Hasta puedes tener una clave con tus niños como una señal si su papá se aparece. Si él no responde con esta clave, ellos deben buscar ayuda inmediatamente.

En un caso, una pareja que no estaba casada decidió separarse y la mamá se llevó a los niños a vivir con ella. Ella no arregló papeles de custodia legal porque el papá no tenía intenciones de llevarse a los niños. Como él le daba dinero para el mantenimiento de ellos, ella se sentía obligada a dejarlo visitar cuando él quisiera. El hombre empezó a venir y quedarse todo el día con el pretexto de visitar a los niños. En poco tiempo empezó a molestar y maltratar de nuevo a la señora aunque ya no vivían juntos. Tener custodia legal de los niños le hubiera ayudado a ella a limitar las visitas del papá a unas horas una vez por semana y lo hubiera   obligado a que siguiera ayudando a mantenerlos.

Dónde y cuándo él puede visitar a los niños se puede decidir entre los dos padres, para que los dos puedan ver a sus hijos crecer, y a una hora conveniente para los dos padres. Si no quieres que tu esposo venga a tu casa a visitar a los niños, se puede arreglar en los papeles que él los visite en un lugar neutral, como la casa de una amiga mutua o en un lugar público como un parque. Si no quieres que venga a tu casa ni para recoger a los niños, arreglos también se pueden hacer para que los recoja en otro lugar. Se le puede prohibir que venga cuando anda tomado o que tome alcohol cuando los esté visitanto. Creerás que estos arreglos son muy fríos, pero sin ellos él tendrá más oportunidad para abusar de ti y no dejarte seguir con tu vida.

El mantenimiento de los niños

Si te dan custodia legal de tus hijos, la corte ordenará que el papá pague parte del mantenimiento si él está trabajando. El mantenimiento usualmente se hace en pagos mensuales y la cantidad se basa en cuántos niños tienes y cuánto gana el papá. Si te vuelves a casar, el padre de los niños sigue teniendo la obligación del mantenimiento. Pero, aunque la corte ordene que el papá pague, es posible que él no lo haga. Obligándolo a que pague cada mes puede ser muy difícil. Mujeres seguido tienen que estarle hablando para recordarle del pago que debe, y hasta tienen que demandarlo en corte por no pagar. Si es posible, pide que él le haga los pagos directamente a la corte y no a ti personalmente. Así es posible obligarlo a que pague sin retraso y te salva de tener que estarle llamando cada mes. También puedes hablar con tu oficina local del *legal aid* y preguntar acerca del proceso estatal para enforzar el mantenimiento.

La manutención

Es posible que tú también recibas pagos de tu marido para tu mantenimiento. Esto se conoce como manutención. Esto se arregla en los papeles de divorcio. La manutención es para tus gastos. (Si te vuelves a casar pierdes la manutención, pero la de los niños sigue.) La cantidad se determina cuando se divorcien y usualmente depende de cuánto él gana, cuanto tiempo han estado casados, si tú estás trabajando o si tienes la habilidad de ser empleada. La cantidad normalmente no es bastante para pagar todos tus gastos. También, muchos hombres son irresponsables en pagar la manutención, aunque la corte la ordene.

Leyes de propiedad común

En algunos estados existen leyes de propiedad común donde cualquier dinero o propiedad que tengan después de casados es la propiedad de los dos, sin hacer caso a quién se ganó el dinero o quién pagó por la propiedad. Estas leyes varían de estado a estado. En algunos es posible que, si vives aparte y todavía estás casada con el hombre, él pueda tener el derecho de vivir contigo cuando quiera. O, si él se fue de la casa y tú te quedas en ella, él puede regresar cuando quiera. En un caso la mujer no había vivido con su esposo en todo un año. Un día él se apareció en la puerta exigiéndole que lo dejara entrar. Ella se negó y llamó a la policía para ayuda. ¡Cuándo la policía se enteró que todavía estaban legalmente casados, lo ayudaron a que ella le diera el paso! Cuando ya no vivas con él es posible que quieras informarte acerca del divorcio si crees que él tiene intenciones de reclamar tu propiedad, demandar tu dinero, o tratar de volver a vivir contigo.

Cómo buscar un abogado

La mejor manera de buscar a un abogado es preguntarles a tus amistades si conocen a uno que se especializa en casos domésticos. Pregúntale a otras mujeres si saben de alguno que no cobra mucho y que tiene experiencia en los divoricos y la ley doméstica. Abogados cobran por hora o pueden cobrar un total por un servicio particular. Asegúrate de preguntar cuál será el costo exacto y qué es lo que esto incluye. No tengas miedo de hacerle preguntas al abogado, aunque creas que son preguntas tontas. Los abogados tienen la costumbre de usar términos legales que la mayoría de la gente no conoce, así que no es fuera de lo normal no entenderle a veces. Si te sientes nerviosa, *apunta* tus preguntas antes de ir para que no se te olviden. Tú estás pagando por su servicio y mereces que te conteste tus preguntas.

También no tengas pena preguntar acerca del progreso del caso. Los abogados son gente ocupada y no siempre toman el tiempo para informarte de cómo va el caso. Si piensas que el caso va muy despacio, llámale al abogado y pregunta; *infórmate*. Pero, ten cuidado, porque muchos abogados cobran por las llamadas de teléfono. Para evitar un cobro, pídele que te permita hablarle cierto día para averiguar de tu caso sin cobrarte. Es mejor enterarte desde un principio acerca de los cobros, que suponer que no te va a cobrar. Muchas veces tienes que llamar frecuentemente para que el abogado se dé cuenta de tu urgencia. La responsabilidad del abogado es hacer los trámites necesarios, pero es tu responsabilidad ver que los cumpla.

¿Qué tal si no tienes dinero para un abogado?

Unas opciones posibles en tu situación requieren ayuda legal y otras no. Los servicios de un abogado para un divorcio, una separación legal, la custodia legal de los niños, o una orden de protección generalmente requieren que pagues dinero. Si ya estás decidida a contratar a un abogado, pero no tienes el dinero que te pide, hay otras maneras de conseguir lo que necesitas. Considera estas alternativas:

- Llama a la sociedad para ayuda legal (legal aid society). Estas oficinas trabajan para personas que no pueden pagarle a un abogado. Trabajan con pocos fondos y usualmente a capacidad. Es posible que te tengas que esperar unas semanas o unos meses para que tomen tu caso. Si necesitas ayuda legal inmediatamente, pídeles que te manden con un abogado que te pueda ayudar más pronto.

• Pídele al abogado que acepte abonos. Así puedes pagar lo que te pide poco a poco.

• Pregúntale al abogado si hay manera de cobrarle a tu esposo por los trámites legales. Aunque tú pidas el divorcio, el abogado a veces puede cobrarle a tu esposo si él está trabajando.

• Llama a la asociación de abogados (bar association) en tu comunidad y pide por los teléfonos de las clínicas legales. Esta asociación es de abogados y deben saber de las clínicas que cobran poco. Unas ciudades también tienen un directorio de abogados (lawyer referral service), donde te pueden dar los nombres de abogados que toman divorcios y son bilingües.

• Puedes divorciarte sin un abogado si no tienes niños ni propiedad junto con tu esposo. No uses esta manera si tú y tu esposo no están de acuerdo acerca de la separación o si tú quieres pedir manutención. La corte municipal tiene las formas y puede darte más información acerca del costo.

• Llama a un refugio para mujeres golpeadas para que te dirijan a dónde puedes conseguir la ayuda legal. Unos refugios tienen clínicas legales para estos asuntos, y otros tienen los números y nombres de abogados que comprenden y cobran poco.

Consiguiendo Apoyo

Saliéndote de tu situación normalmente requiere la ayuda de otra gente. Pocas mujeres lo hacen completamente solas. Saber dónde encontrar una persona que te comprenda no siempre es fácil. Tal vez ya le pediste ayuda a tu suegra o cuñada y encontraste que de veras no están de tu parte o que la clase de ayuda que te dieron no era lo que tu necesitabas. Sin embargo, es importante que tengas el apoyo de alguien. Esta sección te dará algunas ideas para encontrar este apoyo.

Refugios y grupos de apoyo

Centros para mujeres golpeadas usualmente ofrecen programas para mujeres maltratadas. Estos programas son para mujeres que quieren salirse de una relación violenta y para mujeres que ya han dejado un compañero violento. Los temas y las situaciones que se discuten varían, desde qué quiere decir ser golpeada, a arreglar tus asuntos económicos y prepararte para una carrera.

Muchos centros para mujeres golpeadas tienen lo que se llama grupos de apoyo. Estos grupos son para mujeres que han tenido experiencias con sus compañeros que abusan de ellas. Mujeres seguido vienen y se unen a un grupo de apoyo porque se sienten solas y quieren consejos. Los grupos están diseñados para que las mujeres tengan la oportunidad de compartir sus pensamientos y sentimientos en un ambiente de apoyo y entendimiento. Usualmente hay una consejera que dirige y guía el grupo. Estos grupos ayudan a que mujeres se den apoyo y que discutan problemas y soluciones comunes. Un grupo de apoyo puede ayudar a una mujer golpeada a enfrentar lo que le está pasando y ver hasta dónde puede llegar el abuso. Le ayuda a ver qué es lo que puede hacer para ella misma, para sus hijos y su compañero. Con un grupo de apoyo una mujer puede hacer las decisiones que son difíciles de lograr sola.

La experiencia de Lucía es un ejemplo de una mujer que benefició del grupo de apoyo. Lucía había sido golpeada por su esposo por varios años. Un día de repente él se fue de la casa y desapareció por unos dos años. La suegra de Lucía vivía cerca y constantemente la culpaba y la molestaba porque su hijo se había ido. Lucía siempre estaba nerviosa y trastornada, y se sentía como un fracaso aunque tenía dos trabajos para darles de comer y vestir a sus hijos. Aunque Lucía ya no vivía con este hombre ella no se había recuperado del abuso, principalmente porque ella nunca le había contado a nadie que él le pegaba. Un día su esposo volvió y decidió volver a vivir con ella. Lucía estaba muy confundida y no sabía qué hacer. No había podido vivir sin él, ni con él. Ella estaba desesperada por una respuesta a su dilema. ¿Debería de dejarlo que se quedara? ¿Era cierto lo que su suegra había dicho de ella? ¿De veras podían vivir juntos otra vez?

Se encontró con una mujer en el parque un día que le contó de un grupo de apoyo. Lucía fue muy poco al principio. Se sentía incómoda porque no había sido golpeada recientemente como las demás de las mujeres. Despúes poco a poco empezó a ir más seguido, al reconocer qué tanto tenía en común con las otras mujeres. Ella nunca había parado de sentirse emocionalmente abusada y esto no le permitía seguir con su vida. El grupo la ayudó a admitir que ella quería darle otra oportunidad a su marido para ver si el matrimonio que ella quería era posible. Su marido no se había quedado con ella por más de seis meses cuando se dió cuenta que Lucía tenia ciertas demandas del matrimonio. Resulta que él tenía otra casa con una mujer y niños en una ciudad cercana y nunca tenía pensado tener una relación seria con Lucía. Ella por fin pudo mudarse lejos de su suegra y hasta se divorció. El grupo la ayudó a reconocer sus sentimientos y lo que le impedía dejar a este hombre que ya no quería estar con ella y que ya no la amaba.

Otra mujer, Catalina, había vivido con un hombre que abusaba de ella durante todo su matrimonio, como unos quince años. Tenían seis niños y apenas hacían sus gastos. El niño más chico tenía siete años y la más grande quince. Los niños siempre tomaban el lado de su padre y nunca la defendían, y no la ayudaban, ni cuando él le pegaba. Catalina se sentía un poco loca y tan abandonada por todos, que decidió irse de su casa y quedarse en un refugio por un tiempo. Después de dos semanas decidió regresar a su casa, y sacar a su esposo de la casa con una orden de la corte y quedarse con sus hijos. La hija más grande había tomado posesión de la casa durante el tiempo que Catalina no estaba y no quería que su mamá regresara. El grupo de apoyo de que Catalina formaba parte fue el único apoyo positivo que ella tenía. Catalina no tenía ningunas amigas y ni siquiera podía contar con el cariño de sus hijos. El grupo de consejos a que iba después de que se salió del refugio, le dio la fuerza para batallar con su hija mayor y comprender el daño que ella y sus hijos habían sufrido, y también le ayudó a mantenerse fuerte y no dejar que su marido regresara. Después de un tiempo su esposo estableció su propia casa y los tres más grandes decidieron vivir con él. Aunque esto le dolió mucho a Catalina, ella comprendió que de veras no podía con los seis sola y descubrió que podía mantener económicamente y tener un buen hogar con los tres chiquitos que la necesitaban.

La mayoría de los grupos te permiten que vengas tan seguido o tan infrecuente que quieras. Unas mujeres van una o dos veces y encuentran que no pueden desahogarse con las otras mujeres. Esto es común, especialmente para latinas que no más confían en unos pocos parientes. Como una mujer que ha sido emocionalmente abusada, es posible que has tenido que aplastar tus sentimientos tanto, que toma tiempo poder expresarlos otra vez. Negar tus sentimientos ha servido para negar las golpizas, no hacerlo enojar, y hacer que la situación se viera normal. Para que el grupo dé mejores resultados en darte apoyo y dirección ayuda ir regularmente y tratar de confiar en las otras para desahogarte. Esto normalmente toma tiempo, y es exactamente el propósito del grupo. También el grupo sirve aunque no vayas muy seguido, ni digas mucho.

Muchos centros de mujeres ofrecen grupos de apoyo solamente en inglés y es posible que no encuentres luego un grupo en español en tu comunidad. Llama a un centro para mujeres golpeadas y pregunta acerca de grupos bilingües.

Consiguiendo consejos

Hay varias razones por las que unos hombres con más probabilidad van a golpear a sus esposas y por las que unas mujeres lo soportan más que otras. Necesitamos más estudios dirigidos a la familia latina, que nos den razones y tratamientos para curar al hombre que siente esta violencia. Aunque sí hay teorías acerca de por qué ocurre, no se encuentra mucho acerca de cómo pararlo. Unos refugios para mujeres golpeadas ofrecen grupos de apoyo para los hombres que golpean a sus compañeras. La dificultad con esto es que pocos hombres admiten que tienen un problema. También es raro encontrar un grupo que se ofrezca en español y que aprecie las tradiciones y la cultura latina. Consejos a través de un terapista particular puede ser una manera de encontrar los consejos que él busca y quiere.

Los consejos o la terapia quiere decir tener pláticas con una persona entrenada en psicología acerca de los problemas que causan dificultades en la vida de uno. La consejera platica con la persona para ayudarle a encontrar las causas de su angustia y ayudarle a cambiar sus sentimientos o ajustar su vida para que estos sentimientos que le causan problemas le dejen de perjudicar. Para el hombre que golpea a su esposa, estos sentimientos o problemas emocionales pueden ser frustración, coraje, sentirse sin poder en su vida, o no estimarse a sí mismo; las causas pueden ser que fue una víctima de abuso cuando era niño o que vió a su papá abusar de su mamá.

Todo lo que se le platica a la terapista es completamente confidencial y nunca se lo cuenta a nadie. La terapista protege lo que le has dicho en toda confianza. La terapia es para ayudarte a solucionar problemas, y da mejores resultados si la persona quiere ayuda, y admite que tiene un problema.

Para la mayoría de las mujeres golpeadas el único método para parar la violencia es terminar con el matrimonio o noviazgo. Aunque una mujer tenga prometido que él nunca le va a volver a pegar, esto es como aquella promesa de no tomar y solamente dura unas semanas o unos meses. Si él de veras quiere dejar de pegarte, debe ver a una terapista, un psicólogo, o un consejero. EL no se puede curar solo. Y para tu propia protección debes insistir que no lo haga solo. En unos estados si arrestan a un hombre por pegarle a su compañera y lo condenan, la corte puede ordenar que vaya a ver a un consejero. Mientras él no reciba consejos, es una amenaza para toda la sociedad, no sólo para su esposa o querida.

Si tu pareja dice que quiere terapia, es mejor que se separen mientras que esté bajo tratamiento. La terapia puede durar de unos meses a unos años. En muchos casos el hombre va una o dos veces, y después nunca vuelve, y si está viviendo junto con la mujer no pasará mucho tiempo antes de que las golpizas vuelvan a ocurrir. Puedes hacer que la terapia sea una condición para seguir juntos. Si él recibe tratamiento por seis meses o un año, entonces pueden volver a vivir juntos. Puedes hablar con la terapista para asegurarte que sí ha ido por todo ese tiempo. Tu pareja puede dar su permiso para que te enteres que seguido recibió el tratamiento.

Tú también querrás consejos para ti, por diferentes razones. Es posible que tú te culpes por las golpizas, pensando que hiciste algo para causarlas y que necesitas hacer algo para cambiar como eres, para que él ya no te golpee. Es *el hombre* el que necesita cambiar y parar de golpear. Esto es su problema. Pero vivir con un compañero que te maltrata es pesado, y consultar una consejera puede servirte de ayuda y apoyo — éste sea en un tiempo de crisis o no. Puedes buscar consejos para entender más acerca de cómo lograr tus deseos, para ayudarte cuando estés deprimida, si te sientes aislada, o si no tienes a nadie con quien hablar que simpatice contigo.

Cómo encontrar un consejero

La mejor manera de encontrar un consejero o terapista para ti o para tu marido es hablar con un refugio para mujeres golpeadas o hablar con algún servicio social donde te pueden recomendar varios. Si la terapia es para ti, le puedes preguntar al consejero si tiene experiencia trabajando con mujeres golpeadas, antes de hacer tu primera cita. También es buena idea preguntarle al consejero por qué piensa que estás en esta situación. Un consejero o terapista que te culpa por la violencia, que pone toda la responsabilidad de parar los golpes solamente en ti, o que dice que tienes este problema porque eres de un ingreso bajo, porque eres latina o porque no tienes una educación formal, no entiende bastante del problema ni tiene la familiaridad con la violencia doméstica para ayudarte. Esta clase de consejero hasta puede hacerte daño. No tener recursos, o no tener mucha educación, *no* son razones por las cuales eres golpeada. Mujeres que tienen dinero, y que son educadas también son golpeadas. Un consejero con este punto de vista te hará más daño que bien y puede ser demasiado racista o sexista para tratarte con respeto y ayudarte.

No tienes que sentirte obligada a seguir con un terapista si no te sientes cómoda con él o ella, o si simplemente no te gusta. No más porque has empezado a consultar a uno no quiere decir que no puedes ir con otro. Es perfectamente aceptado que selecciones a tu consejero para que vayas con alguien que te hace sentir confianza y que te comprenda. Usualmente una terapista que sea mujer da mejores resultados en comprender tu perspectiva como una mujer golpeada, que un hombre te puede dar. Muchos terapistas hombres no tienen la educación en el área de la violencia doméstica para darte la mejor ayuda. Tendrás más oportunidad para que te comprendan si vas con una mujer. También, si tu compañero está consultando a un consejero, es mejor que tú vayas a una consejera que no sea la misma. Una terapista que es buena para él, no necesariamente es buena para ti. Si quieres, puedes ir de vez en cuando con él, pero solamente si tú tienes el deseo.

Consejeras que se encuentran en un refugio para mujeres golpeadas ordinariamente no cobran por sus servicios. Los psicólogos, terapistas y consejeros particulares generalmente cobran por hora. Unos aceptan seguros médicos y seguros del gobierno, otros no más seguros privados. Cuando hables para hacer tu cita, pregunta cuánto cobran por hora y cuál seguro aceptan, si lo tienes. Sí hay terapistas que cobran por escala graduada, o sea que te cobran conforme al ingreso de tu hogar si no tienes seguro. La terapia puede ser costosa, pero si encuentras una terapista que no cobra mucho y que te comprende, puede ser una buena inversión para ti.

Tu familia y tus amistades

No hay ninguna duda que este tiempo es difícil para ti, y ahora más que nunca tus amistades y tu familia cuentan. Si miembros de tu familia te dan apoyo y quieren ayudarte esto es magnífico, pero hasta los más cariñosos tendrán momentos cuando se enojan contigo o parecen que se les acaba la paciencia. Usualmente esto viene de su frustración por no querer verte sufrir y por no poder hacer nada.

Muchas familias quieren hacer algo, pero no están preparadas para este problema. Muchas veces no pueden ayudar con dinero, porque ellos mismos necesitan ayuda; no creen en el divorcio ("cuando te casas es para siempre"); no te pueden permitir que vivas con ellos porque no hay lugar; no quieren meterse con tu compañero y hacerse enemigos de él; le pueden tener miedo. Cualquiera de estas razones puede evitar que te den ayuda. Es posible que no te crean o no quieran creerte. Es posible que te digan que te vayas a tu casa que te corresponde. Si tu familia no te quiere ayudar, eso también tendrás que reconocer y contar solamente con los que *sí* te quieren ayudar. Posiblemente cuando ya se acabe todo y estás viviendo lejos de la violencia, ellos se encontrarán en una posición mejor para aceptarte y entender lo que te pasó.

La violencia en el matrimonio también puede dividir familias. Tu suegra y su familia puede ser que ya no tomen tu lado, aunque antes te llevabas bien con ellos. Es difícil para la mayoría de las familias admitir que su hijo o hermano tiene un problema como la violencia doméstica. Muchas veces tus amistades no quieren tomar lados y no reaccionarán a lo que les estás diciendo. Es posible que sientas que estás haciendo un escándalo de nada. Será difícil creer que existe alguien que te comprenda y que esté de tu parte. Los que sí te entienden y que quieren ayudar harán mucha diferencia si son pacientes y cariñosos.

Es posible que tus amsitades y tu familia no sepan qué hacer para ayudarte. Tú puedes comunicarte con ellos y decirles qué es lo que necesitas. Por ejemplo, ellos necesitan saber si quieres platicar acerca de la violencia, o si necesitas a alguien que te acompañe a la corte o al doctor, o alguien que se quede contigo durante la noche. Ellos también necesitan que los asegures que están haciendo algo que te esté ayudando. Como normalmente toma tiempo para que la violencia pare, amistades y familia pueden creer que su ayuda no es efectiva porque no han logrado resolver tus problemas luego. La mayoriá de la gente no tiene idea del tiempo que toma acabar con el ciclo de la violencia en la que te encuentras. No se puede hacer de un día para otro.

También encontrarás gente que quiere salvarte de este monstruo inmediatamente. Ellos empiezan a hacer decisiones para ti y te dicen qué debes hacer. Su lealtad es admirable, pero su determinación para salvarte no siempre es lo mejor para ti. Si ellos toman control de tu vida, ellos están haciendo lo que tu compañero hizo—quitándote tu poder. Tú eres capaz de hacer tus mismas decisiones; no permitas que alguien te haga hacer lo que no quieres o lo que no estás dispuesta a hacer. La gente que te estima no puede cambiar tu vida; esto es algo que tú tendrás que hacer para ti misma. Será mucho más valioso si tú hagas las decisiones y ellos te ayuden a cumplirlas. Cuando te encuentras con amigas que tratan de tomar control de tu vida les puedes decir, "Gracias por tu consejo, lo tomaré en cuenta, pero lo que de veras necesito ahorita es . . . alguien con quien platicar o alguien que me tome la mano, o alguien que me preste dinero".

A veces hermanos o padres quieren golpear a tu compañero. Esta táctica no es ninguna solución, es contra la ley y puede ser que ellos mismos se encuentren presos. Además, esto manda a los HOMBRES a "resolver" tu problema y es mejor que tú tengas el control acerca de qué se va a hacer. La violencia tiene que parar, no ser continuada. Les puedes decir a tus hermanos que aunque ellos estén furiosos por lo que ha pasado, ellos no pueden no más meterse en tu vida y hacer lo que ellos quieran. Diles que les agradeces su ayuda, pero te sirve más si te ayudan con dinero o si te ayudan moralmente. Diles que tenerlos cerca y que te escuchen es tan valioso como si te hubieran dado dinero y te satisface mucho más que la venganza.

Puede que sea buena idea si tu familia o tus amistades que te quieren ayudar llamen a un refugio de mujeres golpeadas. Estas líneas telefónicas para mujeres golpeadas, seguido reciben llamadas de padres, amigos, y patrones que quieren saber más acerca de cómo asistir y apoyar a la mujer golpeada. Las consejeras les explican cuáles son los problemas de las mujeres golpeadas y cuáles son sus opciones. Ellas tratan de averiguar qué clase de ayuda esta persona quiere dar y qué clase ha dado. Hablar con una consejera puede ayudar a tu familia o amistades, especialmente si están confundidos o enojados contigo.

Si no puedes contar con tu familia y hacerlos entender, si no tienes a nadie que te apoye, *llama a un centro para mujeres golpeadas*, un centro familiar, o una clínica de salud. Diles de tu problema. Un consejero te ayudará o te ayudará a buscar la asistencia que necesitas. La mayoría de las ciudades tienen alguna clase de servicio para mujeres golpeadas. Si ellos no tienen alguien que hable español, trata de buscar a alguien que te pueda interpretar, si no una amiga entonces un consejero de otra agencia que quiera ayudarte. (Ve el Capítulo 8, bajo "No hablas inglés.")

La iglesia

Es posible que tu iglesia pueda ofrecerte asistencia y consejos, o dirigirte a esos servicios que necesites. Muchas iglesias tienen programas para mujeres golpeadas y otras tienen los contactos en la comunidad que pueden ayudarte para salir de la violencia. A veces iglesias tienen grupos que se dedican a los problemas sociales y hasta tienen la manera de ayudarte a encontrar una casa y muebles. La iglesia también puede estar trabajando con una agencia de servicio social que asiste a mujeres golpeadas o pueden ponerte en contacto con los programas que necesites. Unas iglesias tienen un grupo que da consejos para varios problemas como desempleo, niños delincuentes, y la violencia doméstica.

Si sientes que quisieras un consejo del padre de la iglesia, el ministro, o rabí, haz una cita con él. Si tratas de hablar con él después de misa, es posible que haya muchas distracciones para que te ponga la atención que te mereces. Date a respetar y pídele una cita para que calmadamente y en confianza puedas discutir tu problema. Eres digna de este tiempo. Si no te sientes cómoda haciendo esto, platica con una amiga de tu misma iglesia. Puede ser que ella quiera hablar por ti para que la iglesia te empiece a ayudar.

Si el padre de la iglesia, ministro o rabí falla en darte el apoyo que necesitas, ve con otros en la misma iglesia ue están educados acerca de la violencia doméstica y que pueden darte el apoyo que viene del entendimiento. Yo hablé con un grupo de padres que me dijo que ellos no tenían ninguna persona en su iglesia que necesitaba "esta clase" de ayuda. Me dijeron que mujeres que son golpeadas por sus maridos podían pararlo si de veras quisieran. Me dijeron que estas mujeres no honraban a sus esposos y debían esperar algún castigo.

La semana siguiente visité a otra iglesia en el mismo rumbo y me dieron una reacción completamente diferente. Ellos ya tenían un grupo en la iglesia interesado en ofrecer ayuda, hasta daban ayuda a mujeres que no venían a la misma iglesia. Ellas querían saber qué más podian hacer para ayudar. No todos los padres de la iglesia son iguales, y sí es posible encontrar aquéllos que comprenden y que quieren ayudar. Si tu iglesia no te puede ayudar, trata la iglesia de una amiga. Este sufrimiento no se limita a una fe; y Dios está donde lo busques si quieres encontrarlo. La iglesia puede ser la manera de buscar ayuda y apoyo espiritual. Pero, si no te entienden o no pueden ayudarte, esto no quiere decir que debes aguantar la tortura física y mental. Dios no quiere que nadie sufra. Jesús dijo:

Pedid y se os dará; buscad y
encontraréis; tocar y se os abrirá.
Porque todo el que pide obtiene; y el
que busca encuentra; y al que toque,
se le abre.

— Evangelio según San Mateo 7:7-8

Empieza por ayudarte y la ayuda de Dios vendrá.

Capítulo 8

Obstáculos Y Maneras De Evitarlos

Este capítulo se dedica a áreas donde es posible que necesites un poco más ayuda y te dice dónde encontrar esta ayuda. Todos los obstáculos posibles y las maneras de evitarlos no están aquí. Tu determinación, energía, y creatividad pueden encontrar las posibilidades sin límite.

La mujer no documentada

Para la mujer indocumentada ser golpeada puede parecer un problema sin remedio. No sólo temes a tu pareja, sino que temes las agencias que usualmente les dan ayuda a otras mujeres, como los hospitales, los departamentos de policía, y los abogados. El miedo de la migra, de ser deportada, puede impedir que busques ayuda y la asistencia que necesitas. También es posible que estés muy lejos de tu familia o de las amistades que te pueden dar la mano. Esto es especialmente cierto para la mujer que viaja lejos de las ciudades trabajando en la pizca. La mayoría de mujeres sin papeles tienen a su familia muy lejos. La persona más cercana puede ser el mismo que la golpea, y probablemente él se da cuenta de este aislamiento. El no tiene el derecho de golpearte en tu tierra ni en los Estados Unidos. Aunque no seas una ciudadana legal, tienes el derecho a protección bajo la ley. CONOCE TUS DERECHOS.

Tú tienes el derecho de:

- Llamar a la policía cuando tu esposo o novio te esté pegando.

No pueden pedirte identificación *antes* de ayudarte. Acuérdate que ellos no son agentes de la migra, son policías municipales y su deber incluye protegerte de otro asalto. Ellos sí pueden pedirte identificación, ya que se enteren de la situación.

• Registrar una queja con la policía contra la persona que te golpeó. En los Estados Unidos es contra la ley que un esposo le pegue a su esposa o que la detenga contra su voluntad; en muchos estados es ilegal que la asalte sexualmente. Si quieres que la policía lo arreste, si crees que debe ser castigado por haberte golpeado, puedes hacer una queja con la policía. La policía puede arrestarlo y tenerlo preso por varias horas. También la policía lo puede acusar con la inmigración para que ellos lo deporten. Es posible que él le diga a la policía que tú tampoco estás legal o la misma policía te puede pedir papeles. En unas partes la policía no se preocupa si la mujer golpeada tiene papeles o no; les importa el hombre que está quebrando la ley. Pero no todos los departamentos de policía son iguales y puede ser que te arriesgues a ser deportada cuando tengas contacto con ellos. No hay garantías. *Es buena idea hablar con un refugio de mujeres golpeadas o un centro de servicios migratorios para saber qué es lo que puedes esperar de la policía en tu área* ANTES *de que les tengas que hablar.* Es posible que en una situación donde tu vida va de por medio, arriesgues ser deportada para salvarla.

• Conseguir una orden legal para mantener al que te abusa lejos de ti, como una orden de protección o una orden de no contacto. No tienes que estar aquí legalmente para obtener esta orden. El Capítulo 6 te dice cómo conseguir estas órdenes y cómo usarlas. Toda la información en ese capítulo también se aplica para ti. Estos papeles pueden ayudar a que él esté lejos de ti y tus niños por unos meses o hasta un año.

• Recibir ayuda del gobierno en la forma de *welfare*, para aquellos niños que nacieron en los Estados Unidos. Puedes aplicar para *welfare* para esos niños si tienes comprobantes que nacieron en los Estados Unidos. (Es posible que no califiques si todavía vives con tu compañero y él está trabajando.) Hay gente que recibe *welfare* sin tener papeles y sin ser acusados con la migra. Esta gente se está arriesgando a ser investigada. La ayuda que el *welfare* te puede dar para tus niños puede suplementar tu ingreso para poder dejar a tu marido y vivir sin él. Debes saber que si recibes *welfare*, esto puede afectar tu oportunidad de emigrarte después. *Habla con legal aid o un consejero de asuntos migratorios*

ANTES de aplicar.

• Quedarte en un refugio para mujeres golpeadas. En estos refugios no les importa tu estado legal. Existen para darte un lugar seguro donde quedarte y ayudarte a salir de una situación violenta. A ellos no les interesa si eres ciudadana legal o no. Si te preguntan acerca de tu ciudadanía es porque quieren saber qué beneficios te corresponden o ayudarte con tu estado de inmigración. Puedes ser franca con ellas. Un refugio para mujeres golpeadas es una parte segura y simpatizan con tus necesidades. (Lee el Capítulo 5, bajo "Refugios para mujeres golpeadas".)

Si quieres un divorcio y quieres quedarte con tus niños, puede haber complicaciones por no estar documentada. Si el papá de los niños es ciudadano americano o residente permanente, él puede tener más derechos a los niños que tú por ser una madre indocumentada. Es posible que no te puedas llevar a tus niños fuera del país, si son menores de edad, sin el permiso del padre. Un divorcio puede indicar que te quiten tus hijos si te tienes que ir del país y el papá quiere que se queden con él.

Si tienes una mica

Si eres una residente legal por tener una mica, tienes todos los derechos fundamentales que otras mujeres tienen. Pero ciertas acciones pueden afcctar tu cstado de inmigración. Por eso es importante que obtengas un consejo legal *antes* de que empieces algo como un divorcio o apliques para *welfare*. Un servicio de asuntos migratorios, *legal aid* o un abogado de inmigración puede explicarte las leyes recientes y los requisitos que tienes por tener una mica. Aquí están unos:

Quieres un divorcio. Si te dieron tu mica porque tu esposo es ciudadano o residente legal, es posible que tu estado legal cambie si te divorcias. Debes hablar con un abogado de inmigración si te quieres divorciar y quieres quedarte en los Estados Unidos con tu mica.

Quieres aplicar para welfare. No debes aplicar para *welfare* después de que te den tu mica, a menos que tu situación financiera haya cambiado desde que primero te dieron tu mica. Debes consultar a un abogado de inmigración o un centro para asuntos migratorios si tienes preguntas acerca de recibir *welfare*.

Quieres cargar al hombre con un crimen. Si traes cargos contra tu esposo y lo encuentran culpable de asalto, es posible que afecte su estado legal y hasta puede ser deportado. A ti NO te deportan ni te quitan tu mica por deportarlo a él, aunque te dieron la mica porque él tenía una.

Hay gente que te puede ayudar y explicarte tus alternativas. No estás sola, si te animas y pides ayuda. A veces da vergüenza y uno se siente humillada por estar en esta situación, pero los beneficios que pueden venir de contarle a alguien lo que te está sucediendo y de recibir la asistencia que necesitas valen la pena.

No tienes dinero

Muchas de las alternativas a un matrimonio violento requieren dinero de una manera u otra. Si te quieres mudar necesitas dinero; si te quieres divorciar necesitas dinero; si quieres terapia necesitas dinero. Es algo difícil de ignorar, pero no imposible de remediar. Considera estas posibilidades:

• Pídele prestado a tu familia o tus amistades. Es posible que tu familia no tenga qué prestarte o ya te dieron todo lo que podían. Si éste es el caso sigue leyendo. Si no les puedes pedir prestado porque no saben de tu situación, repasa las secciones en los Capítulos 3 y 7 acerca de tu familia y tus amistades para ayudarte a pedirles apoyo.

• Aplica para *welfare* u otra ayuda del gobierno. Puede ser que te sientas apenada por pedir ayuda, pero para eso está—para ayudarte cuando lo necesitas hasta que encuentres trabajo y puedas mantenerte sola. Es posible que sepas de gente que se aprovecha del sistema, pero pedir ayuda no quiere decir que tú tienes esas intenciones. Hay varios programas para niños, como la Ayuda Para Familias Con Niños Dependientes (AFDC), y para adultos. Tu oficina local te dirá para qué programa calificas. Cuando vayas pregunta acerca de qué ayuda te pueden dar de emergencia, porque *welfare* dura varias semanas para mandarte tu primer cheque. Algunas oficinas pueden darte estampillas para la comida o hasta un poco de dinero para ayudar con el mandado. Si no eres una residente legal o si tienes una mica, repasa la sección en este capítulo para información acerca de cuándo es permitido pedir ayuda del gobierno.

• Si tú y tu esposo son dueños de un carro y tú tienes el comprobante de dueño, lo puedes vender. Por otro lado, te puede servir más para movilizarte. Si tienen una cuenta en el banco con el nombre de los dos, tú tienes el derecho a ese dinero y lo puedes sacar.

• Ahorra de lo que tu esposo te da para la comida, o ahorra de lo que ganas en tu trabajo poco a poco. Esta alternativa es difícil, pero mujeres sí se han ayudado así. Hay mujeres que ahorran poco a poco y tienen para comprar boletos para el camión o para quedarse en un hotel.

Si no tienes dinero, trabajo, ni ninguna paga, *llama a un refugio para mujeres golpeadas.* Aunque unos refugios cobran por noche, ellos pueden hacer arreglos que toman en cuenta tu situación económica. En estos refugios no te dan con la puerta en la cara si no tienes con qué pagar. Si te dicen que no te pueden aceptar porque no tienes dinero, es posible que hayas llamado a un refugio que no se especializa en mujeres golpeadas. Pídeles el número de teléfono de los refugios para mujeres golpeadas. (Lee el Capítulo 5 bajo "Refugios para mujeres golpeadas".)

No hablas inglés

Si no hablas inglés o hablas muy poco, esto te puede presentar con otros obstáculos. En muchas ciudades hay servicios bilingües; en otras casi ni existen. Si estás batallando para encontrar servicios sociales donde hablen español, aquí hay unas opciones:

• Busca en el libro telefónico donde diga servicios sociales. En inglés se ve así: "social services". También puedes buscar bajo organizaciones para mujeres: "women's organizations". Servicios para mujeres golpeadas deben estar allí. No tengas vergüenza hablar y pedir por alguien que hable español. Si no ves ningún servicio para mujeres, busca bajo servicios chicanos, migratorios (migrant services), puertorriqueños, o bajo títulos de servicios que estén en español, como "Casa de Paz" o "Mujeres Unidas". Deben tener personas que hablen español en algunas de estas partes que te puedan ayudar. Cuando hables, diles, "Tengo problemas con mi marido o novio y quiero hablar con una consejera". Así no tienes que contarles los detalles a personas que no sean las adecuadas. Si te preguntan qué clase de problemas tienes, puedes decir que tu esposo o novio es violento y te golpea, o simplemente que prefieres no hablar de esto hasta que te consigan la consejera.

• Si concoces a un trabajador social que habla español, pídele

que te ayude a buscar los servicios donde ayudan a mujeres golpeadas. La mayoría de los consejeros o trabajadores sociales saben de otros servicios que existen y pueden darte la asistencia
que necesitas.

• Pídele a alguien que conoces que interprete por ti. Si conoces
a alguien que habla inglés y español, esta persona puede hablar
por ti para encontrar servicios donde hablan español. Si no
puedes encontrar a una consejera que hable español, esta misma
persona que llamó por ti puede servir de intérprete. Aunque esto
no es el mejor arreglo para poder hablar de tus problemas en
confianza, puede ser el único modo de obtener ayuda.

• Si vas a una iglesia donde hablan español, puede ser que ellos
puedan dirigirte a servicios sociales bilingües.

• Si estás aquí con una visa o pasaporte, trata de hablarle al
cónsul de tu país. Ellos pueden dirigirte a partes donde hablan
español y donde te pueden dar la asistencia que buscas.

Capítulo 9

Nuestras Vidas Sin Violencia

Encontrando nuevas relaciones

Las mujeres son las víctimas principales del asalto físico y del asalto sexual. Nuestro asaltante no siempre es el desconocido que regularmente tememos; la mayoría del tiempo es el hombre en nuestras vidas. ¿Qué se puede hacer para parar esta violencia contra las mujeres?

Vamos a empezar con tu vida nueva. Sí es posible que tengas la compañía y el amor de un hombre que no te domina, física ni mentalmente. Pero, muchas mujeres que han sido golpeadas se encuentran en la misma situación con otro hombre: él también abusa de ellas y es violento. Para las mujeres es muy difícil creer que no tienen la culpa de alguna manera — si no, ¿porque le está ocurriendo esto otra vez? Pero esto es otro mito que culpa a la mujer golpeada, en lugar de culpar al hombre violento. *No* es que tú lo has hecho enojar por algo mal hecho. Lo que pasa usualmente, es que el nuevo compañero tiene los mismos rasgos o características abusivas que tenía el compañero anterior. Estas características no son fáciles de reconocer y no serán obvias. Por ejemplo, una mujer puede ser atraída a un hombre que es un caballero, a que le gusta proteger a "su mujer". Esta característica en particular, si se exagera, puede dañar mucho. Puede ser que él no la deje salir de la casa o que sea muy celoso y haga la vida imposible — igual que el hombre que la golpeó que acaba de dejar.

Es importante darte cuenta de qué fue lo que te atrajo a tu nuevo compañero. ¿Tiene mucho en común con tu compañero pasado? ¿Tiene hábitos que pueden usarse contra ti después, como tratarte como una criatura, prohibir que hagas ciertas cosas, querer saber adónde andas en todo momento, tomar demasiado? ¿Te dice cosas como, "No existe la violación"; "Mujeres se quedan con hombres que las golpean porque les gusta"; o "Mujeres solamente pueden ser esposas y madres"? Esta clase de comentario es un aviso de un hombre que abusa y le debes prestar tu atención.

Si quieres ayuda para conocer más de ti misma y cómo puedes dejar de escoger a hombres que te golpean, puedes tratar terapia, consejos, o participar en un grupo para mujeres golpeadas. La terapia puede ayudarte a reconocer qué es lo que tienes que cambiar para nunca volver con hombres violentos. Esto puede incluir ayuda a saber cómo resolver tus discusiones de una manera productiva, y también cómo puedes ser más segura de ti misma y no siempre hacer lo que otra gente quiera que hagas.

Tienes que hacer una cosa por seguro: nunca tolerar una conducta agresiva y violenta por ninguna razón, en ninguna parte. La violencia ha sido aceptada por la sociedad por años. La pornografía violenta les enseña a los hombres, incluyendo a los niños, que está bien hecho — hasta erótico — ahorcar, pegar, y lastimar a las mujeres. Las mujeres retratadas en esta pornografía se ven sumisas y hasta parecen gozar del dolor. Bromas y chistes acerca de la violación y la violencia doméstica enseñan que de veras no es un problema serio, que es algo cómico para hacernos reír. No tenemos que fingir que estos chistes nos divierten y sí les podemos informar a las personas que los cuentan que la violación y la violencia doméstica no tienen nada de gracia. Ya es tiempo de parar estas fantasías que han sido aceptadas como realidad. Los hombres no son mejores que las mujeres, ni por naturaleza, ni por ley, ni tienen el derecho de golpear a las mujeres, oprimirlas, o tratarlas como una propiedad. Por tu experiencia como una mujer golpeada, estás en una posición única para ver esto. Tú puedes cambiar, y hasta puedes cambiar un poco del mundo que te rodea.

Educando a tus hijos

En tu familia puedes empezar con tus propios hijos e hijas. En muchas familias los niños aprenden luego que sus hermanas son tratadas muy diferente a cómo a ellos los tratan. A los niños se les da más libertad de movimiento y expresión; usualmente van adónde quieren; dicen lo que quieren; no tienen responsabilidades en la casa de lavar trastes y tender camas; a ellos se les sirve. Pero el quehacer no hace que tu hijo se vuelva afeminado, al contrario le enseña que él tiene la misma responsabilidad en la casa que las mujeres y que las mujeres tienen el mismo derecho que él tiene de hacer otras cosas. Sabiendo esto puede ser que aprecie lo que se hace en la casa más y también aprecie el tiempo de otra gente. Cuando él crezca, quizás él lleve este ejemplo a su propio hogar y ayude con los niños y con el quehacer para que su familia funcione con más equilibrio.

Las niñas tienen que saber que sus deseos y sueños son tan importantes y asequibles como los de sus hermanos. En este mundo es posible que las mujeres sean doctores y abogados igual que los hombres. En los tiempos de antes las mujeres usualmente no trabajaban en capacidades profesionales, así que se prefería educar a los hombres. Ahora tanto las mujeres como los hombres tienen que trabajar fuera de la casa; es necesario que las niñas tal como los niños sean educados. Hay muchas maneras de mejorar el futuro de tus hijas; insistir en que reciban una buena educación no más es una.

Cuando las mujeres tengan más poder y más influencia en el mundo, quizás entonces tendremos menos imágenes negativas de mujeres que perpetúan abusos como la violación y la violencia doméstica. Los hombres tratarán a las mujeres con más dignidad, igualdad y respeto, y las mujeres no tolerarán menos. No falta mucho para ese día y una persona como tú puede ayudar a que amanezca este día.

Viviendo sin el hombre que te golpea

Hacerte independiente del hombre que te golpea tomará tiempo y no es algo fácil. Aunque ya tengan tiempo viviendo aparte, puede ser que lo veas de vez en cuando. Si tienen niños juntos es hasta más probable que lo veas regularmente y que te enteres de su vida. Puede tomar años antes de que te sientas completamente libre de él. Muchos hombres no dejan a sus compañeras fácilmente. Unos insisten en molestar a sus ex-esposas o novias con llamadas por teléfono, amenazas, y hasta propiedad dañada.

Muchos hombres no tienen la madurez para admitir que no pueden hacer una vida con sus compañeras. Para ellos su esposa o novia es una propiedad que se les escapó, y ella tiene que sufrir por su deslealtad porque le "pertenece" al hombre para siempre. Por eso es de suma importancia que tú misma veas por tu porvenir ya cuando te vayas. Toma todas las precauciones que puedas, como tener la seguridad que necesitas en tu casa, conocer a tus vecinos, y buscar la protección legal, si crees que la necesitas.

Aparte de las maneras prácticas para mantenerte segura, también necesitas creer en ti misma como una persona que vale la pena, como un buen ser humano, para que las cosas te den buenos resultados. Te mereces las cosas buenas de la vida y eres capaz de obtenerlas. Ya es tiempo que empieces a vivir, no simplemente existir. No importa cuántos años tienes, cómo te ves, ni qué tan inteligente eres. No importa cuántos años has dejado pasar, o cuántas veces has dicho que sí cuando debías haber dicho que no. Nunca es demasiado tarde para terminar tu sufrimiento y empezar en una nueva dirección. Te mereces y puedes vivir una vida mejor.

No eres la única mujer que está pasando por este infierno y sintiéndose sola, y aunque hay muchas mujeres como tú, cada una es importante. Es tiempo que vayas a la escuela a aprender el inglés, si eso es lo que siempre has querido hacer. Puedes buscar y aplicar para ese trabajo que crees que te gustaría tener. Ya es tiempo que tengas amistades y una vida social donde vas al cine, a comer, o a bailar. Ya es tiempo que pienses en ti misma, algo que probablemente no has hecho en mucho tiempo. Esto puede indicar que tengas que pedir ayuda y apoyo para darte la fuerza necesaria para vivir lejos de él. Esa ayuda existe si te animas a buscarla y comunicar a las personas a tu alrededor que necesitas ayuda. Posiblemente la primera persona no te escuche, pero sigue tratando. No te des por vencida. La siguiente persona, sea comadre o consejera, puede ser la que te ayude a tener esa vida que buscas.

Capítulo 10

Para Los Que Están Ayudando A La Latina

Si estás ayudando a una latina golpeada debes familiarizarte con la literatura acerca de la violencia doméstica. Hay libros que pueden ayudarte a entender la magnitud del problema y darte información acerca de los complejos psicológicos que sufren estos hombres y estas mujeres. Al final de *Mejor Sola Que Mal Acompañada* encontrarás una bibliografía donde puedes escoger algunas referencias que te ayuden.

Libros en español que tratan a la latina y la violencia doméstica son pocos y no son fáciles de conseguir. Dos artículos que valen la pena leer acerca de la latina golpeada son "La violencia doméstica: Intervención en el tiempo de crisis para la familia hispana", por Elizabeth J. Pokela; y "La agresión y la chicana", preparado por el Centro Cultural Chicano, St. Cloud, Minnesota. Estos dos artículos se incluyen en la bibliografía. Un repaso de la información acerca del problema te hará capaz de asistir a tu amiga golpeada y de darle el apoyo y la orientación que ella necesita y también te dará la paciencia para ayudarla a su propio ritmo.

Tratando la discriminación

La mujer latina, como otras mujeres de color, sufre una discriminación doble, primero por ser mujer y vivir en una sociedad patriarcal en los Estados Unidos, y segundo por ser de color y vivir en una sociedad que favorece y es dominada por la gente anglo-sajona. Dentro de su misma raza en el país de sus antecedentes, ella también sale perdiendo; en esa sociedad las oportunidades de educación y carreras son controladas por los hombres y se prefiere que ella tome las posiciones con menos poder, viviendo en servidumbre a su padre, marido, y criaturas. En los Estados Unidos, dentro del movimiento de su misma raza que lucha por los derechos civiles e igualdad, ella también está en segundo lugar. Discusiones acerca del control de la natalidad, el cuidado de los niños, la violencia doméstica, el asalto sexual, la educación y el entrenamiento en trabajos para mujeres — para mencionar unos pocos temas — se tienen que esperar hasta que las discusiones de más importancia, las de los hombres, sean resueltas.

Ayudando a una latina golpeada es una experiencia que da mucha satisfacción al verla fuera de peligro, pero es un camino largo y difícil. Si eres tan afortunada de vivir en una ciudad donde hay servicios bilingües, no llegarás a frustrarte tanto. Pronto encontrarás una consejera bilingüe y bicultural que te pueda dar la asistencia inmediata que necesitas. Si vives en una ciudad como muchas, donde no se encuentran servicios bilingües para latinos y mucho menos para latinas, entonces debes prepararte. Son escasos los refugios para mujeres golpeadas, centros de mujeres, y líneas telefónicas de emergencia que consideran las necesidades de la puertorriqueña, la dominicana, la mexicana, la guatemalteca, la salvadoreña, la cubana, la chicana, etc., tan importantes como para emplear a trabajadoras bilingües y biculturales. Nosotras que estamos interesadas en este problema debemos darles a conocer que emplear a personal que sea bilingüe y bicultural y buscar a voluntarias que sean bilingües y biculturales no sólo es importante, sino que es *un requisito* si todas las mujeres golpeadas van a recibir ayuda.

La mayoría de tus dificultades para ayudarla estarán en encontrar servicios bilingües. Para darle todas las opciones posibles necesitas saber de consejeros o terapistas que son bilingües, de policías y detectives que son bilingües, y de abogados que hablan español. Esto no es simplemente por el idioma (aunque esto lleva mucha importancia) sino para poder darle a ella el entendimiento y apoyo en términos familiares, sin el temor de discriminación, deportación, o falta de comprensión.

Latinas tienen poca representación en círculos políticos y económicos. No sólo nos niegan la igualdad en la sociedad americana, sino que también en nuestra misma raza nuestros hombres nos la niegan. Ya es tiempo de exigir y tomar el lugar que nos corresponde, ese lugar al lado del hombre con voz y voto. Hasta que nos reconozcan como verdaderas compañeras, no vamos a tener el respeto que es necesario para que la violación y la violencia doméstica sean fenómenos del pasado. Siempre se nos negarán las vocaciones de importancia, menos la de virgen y la de mujer de la calle. Nuestras tradiciones serán lo que nos hacen ser tan buenas mujeres y madres, pero estas mismas tradiciones sirven para que nos quedemos sumisas hasta el punto que un hombre nos puede golpear cada día y nos culpamos y seguimos viviendo con él. Hay que tener más humanismo en nuestras tradiciones y menos machismo.

Información para los no latinos

Si no eres latina y tienes el deseo de ayudar, aquí sigue información que te ayude a entendernos mejor. Voy a empezar con los términos "hispano" y "latino". Estos dos términos se usan para nombrar a la gente de América Latina. Unos latinos prefieren un término más que otro, dependiendo de su perspectiva política y su asimilación. "Latino" e "hispano" son términos generales que se usan para nombrar a toda la gente de habla española que viene de México, Puerto Rico, La República Dominicana, Cuba, Guatemala, Nicaragua, El Salvador, toda la América Central y todos los países de América del Sur. También incluyen las generaciones que nacieron, en los Estados Unidos y que se llaman mexico-americanos, chicanos, cubano-americanos, y nuyoricanos, para nombrar unos pocos. Todos tienen costumbres y comida distintos, y hasta en un mismo país se encuentran diferencias. En México, por ejemplo, cada estado tiene su vestido típico, su comida típica, y hasta cierto punto hablan un español exclusivo de su tierra. Es muy difícil generalizar acerca de un grupo tan diverso como el de los latinos. Lo mejor que puedes hacer es preguntarle a la mujer que estás ayudando, qué se considera, y no suponer que es una chicana o mexico-americana no más porque nació en los Estados Unidos. Claro que se encuentra mucho en común que hacen que los latinos se parezcan más que nada. El idioma castellano, la religión católica, y la música latina son corrientes muy fuertes que nos unen.

La cultura latina

La cultura latina es tradicional; o sea que es patriarcal con un sistema social muy establecido. Aunque el papel de la mujer es crítico para que la raza sobreviva, las mujeres están relegadas a los papeles de menos poder como los de esposa y madre, y son pocas las que se encuentran en posiciones de jefe o dirigente. No es aceptado socialmente que las mujeres se divorcien, que se casen varias veces, o que se queden solteras con niños. Por estas razones puede ser que la mujer golpeada tome tiempo para dejar a su esposo o compañero.

Los problemas usualmente se quedan entre la familia. Los consejos se reciben del padre de la iglesia u otra persona de respeto y autoridad. La ayuda de agencias fuera de la familia no es muy común. Los escasos servicios bilingües impiden que los problemas salgan de la familia porque la ayuda afuera no existe.

La autoridad y la dignidad de la familia son respetadas. Las necesidades del individuo son menos importantes que la unidad y la fuerza de la familia. Para la mujer golpeada esto seguido indica que ella aguanta el abuso por el orgullo y la conservación de la familia.

Los latinos no tienen la costumbre de revelar sus problemas a gente ajena. Platicarle de tus problemas a gente que no conoces demuestra inmadurez. El ser adulto indica que uno tiene control sobre sus sentimientos. La mujer golpeada puede tener dificultad en expresarse al principio o no confiar cien por ciento en lo que está pasando. Ten paciencia. Es mejor que ganes su confianza antes de hacerle muchas preguntas. Como ella está buscando ayuda fuera de la familia y como le da vergüenza tener este problema, es posible que se demore en expresarse. Trata de hablarle de otros asuntos domésticos, como sus criaturas. Esto le da a ella la oportunidad de platicar y la deja revelar sólo lo que ella quiere. Tus sugerencias y consejos serán respetados (y hasta los tomará más en serio) si la dejas que te conozca. Por eso ayuda si platicas de tu familia y te das a conocer. Ella reserva los detalles de su vida para aquellos en que tiene confianza.

Se les ha enseñado a las latinas que ellas deben mantener el estado de las cosas, estén como estén. Las tradiciones se han pasado de generación a generación. Si uno las ignora y las trata de cambiar, esto demuestra que a uno le falta el respeto a los viejos y a la cultura. Por eso divorciarse o separarse no siempre se considera la primera opción. No es natural que una mujer esté sin casarse o que viva aparte de su marido. Aquí la latina está entre la espada y la pared, porque aunque todos esperan que ella viva con un hombre, es criticada si tolera abusos. La decisión de dejar a su esposo va contra la norma; pero, cuando se sepa por qué ella lo dejó, ella recupera el respeto que perdió. Un dicho mexicano dice: *Mejor sola que mal acompañada.*

Las latinas seguido aceptan su destino con resignación, aceptando su hogar como lo que Dios mandó. Pueden sentir que el poder para cambiar su vida no está en sus manos y prefieren aceptar una mala situación que tratar de cambiarla, porque esto demuestra poco respeto ante Dios y las fuerzas de la naturaleza. Estas son respetadas en toda ocasión. Pero se le puede decir a la latina que su destino no tiene que ser de tristeza y sufrimiento, sino puede ser de amor y felicidad si ella sigue sus mejores instintos y deseos. Una vida sin violencia no es contraria a su destino, ni contraria a la voluntad de Dios; es el cumplimiento de su destino.

Si eres una consejera:

• Asegúrale que todo lo que te platique es confidencial. Es extremadamente importante que ella comprenda esto para que pueda contarte sus problemas en toda confianza sin temor de que su esposo se entere.

• Dale el tiempo que ella necesita para confiar en ti. Puede ser que ella sea callada al principio. No uses palabras profesionales que ella no entiende, esto no más sirve para alejarla de ti.

• No más porque ella está pidiendo ayuda no quiere decir que ella está dispuesta a dejar a su compañero. Dejar una relación donde hay abuso toma mucho tiempo y es un proceso bastante largo. Tendrás más éxito si ella está comprometida a cada paso.

• Es importante que le expliques de qué manera la puedes ayudar ANTES de que te enteres de su ciudadanía. Explícale también las opciones de una mujer sin papeles. Así ella no va a creer que le has ocultado algo, que no le has dicho la verdad, o que la has discriminado porque no es legal. También la pondrás más tranquila si ella sabe que la ayuda no se basa en sus papeles legales.

• No asumas que ella sabe que es contra la ley violar o golpear a una mujer. Aunque ella sabrá que no está bien hecho, puede ser que no sepa que las mujeres casadas también tienen recursos legales contra este abuso de sus esposos o novios.

Esta información da una idea de la cultura latina muy general, no es de ninguna manera definitiva. Lo que está aquí se aplica a muchas latinas golpeadas, que a veces son más tradicionales que otras latinas que no son golpeadas. Es mejor que el tratamiento se base en el carácter individual de cada mujer. Si no estás segura de cómo proceder, consúltala. Ella necesita reconocer su propia fuerza. Debes respetar su opinión y honrar sus decisiones. Esto la ayudará a rehacer su vida.

Puede ser que no estés de acuerdo con sus decisiones como la de hablarle a su esposo después de separados, la de dejarle los niños al esposo, o que ella lo visite, o que vuelva con él. Es posible que después ella se arrepienta de haber tomado estos pasos. Es necesario que ella sepa que estarás para ayudarla y para cumplir sus deseos. Le puedes decir que aunque no siempre estás de acuerdo con lo que ella decide o lo que hace, que estás para ayudarla y apoyarla en todo lo que necesite.

Apéndice

Información básica de primeros auxilios

Esta sección NO está para que tú sola diagnostiques tus heridas. No es para enseñarte como tratar tus heridas para que no le tengas que contar a nadie que estás herida. SI es para ayudarte a usar los primeros auxilios para ti y para tus hijos en caso de emergencia, para ayudarte a evitar ciertos errores comunes, y para ayudarte a mejor decidir qué herida es seria para que obtengas la ayuda necesaria.

Cortaduras, golpes a la cabeza, huesos quebrados, moretes y quemaduras, son heridas comunes en las mujeres golpeadas. No son de ninguna manera todas las heridas que pueden ocurrir. La información que sigue está para enseñarte los primeros auxilios para estas heridas.

Cortaduras:

Lo primero que se debe hacer para cualquier cortadura es PARAR LA SANGRE. Esto se puede lograr en tres pasos:

1) usa una venda o algo que comprime como un pedazo de gasa que cubre la herida

2) aplica presión directa sobre la venda con tu mano

3) alza o eleva la parte herida (esto hace más difícil que la sangre salga de la herida)

Gasa que es estéril se puede conseguir en cualquier farmacia y es lo mejor para usar. Se puede comprar y mantener en la casa todo el tiempo. Si no tienes gasa usa una camiseta, una toalla, una funda; cualquier material que esté LIMPIO y que no tenga pelusa. NO USES algodón, kleenex, papel del baño, o toalla de papel. Estas cosas se pegan a una herida que sangra y son difíciles y dolorosas para quitar.

Si usas gasa, sácala de su envoltura tocando una esquina nada más; trata de no tocar el lado que vas a aplicar a tu herida. Pon la venda directamente sobre tu cortadura y aprieta firmemente — SIN EXPRIMIR. Mantén la presión por lo menos por cinco minutos hasta que no veas sangre fresca. Si tu venda se empapa de sangre, no la quites; aplica más gasa sobre la otra y sigue apretando. Si te cansas de apretar otra persona puede ayudarte, o asegura tu gasa con cinta adhesiva.

Si tu brazo o pierna tiene una cortadura, puedes parar la sangre en segundos elevando tu brazo o pierna y aplicando presión a la herida. Puedes subir tu pierna sobre almohadas; tu brazo álzalo sobre tu cabeza. Si tu cabeza tiene una cortadura, siéntate mientras te aplicas la venda.

Importante: Si la sangre no para en dos o tres minutos, o se sale como chorro de la herida, llama a una ambulancia inmediatamente. Una criatura o un vecino puede llamar por ti mientras te aplicas la venda.

¿Cómo sabes si necesitas puntadas? Probablemente necesitas puntadas si tu cortadura está en cualquier parte donde la piel se estira naturalmente, como tu ceja, la barba, el cachete, la cabeza, el nudillo, el codo, o la rodilla. Definitivamente vas a necesitar puntadas si la cortadura es profunda o si la piel está muy rota. Es mejor que un doctor te examine y decida si las puntadas son necesarias. Una cortadura sin puntadas puede dejar una cicatriz grande, y esto puede verse feo. Puntadas ayudan a reducir al mínimo las cicatrices y la oportunidad de infección.

¿Cómo sabes si tienes infección? Si no tienes un doctor que atienda tu herida, y si no mantienes tus cortaduras limpias cambiándoles las vendas regularmente, una cortadura se puede infectar. Esto puede tener resultados serios, y si no le prestas atención puedes perder tu brazo o pierna, y hasta morirte de una infección. Mordidas que quiebran la piel, puñaladas de un cuchillo o instrumento de la cocina fácilmente atraen la infección. Claro que cualquier cortadura se puede infectar sin el cuidado apropiado. Aquí están unas señas de infección:

- la piel hinchada
- la piel de color rojo
- una sensación caliente
- sentir que la herida pulsa
- tener fiebre

- tener pus bajo la piel o que salga de la herida
- tener rayas rojas en la piel que vienen de la herida

Si tienes algunas de estas señas debes obtener ayuda médica lo más pronto posible.

Golpes a la cabeza:

Los golpes a la cabeza pueden tener consecuencias muy serias. Un golpe puede causar una concusión o conmoción cerebral, un coágulo de sangre en el cerebro, daño al seso, o lastimar el cuello. Aquí están las señas que debes buscar:

- sentirte mareada
- tener visión borrada
- tener zumbido en los oídos
- tener náuseas o sentir el estómago revuelto
- tener un dolor de cabeza continuo
- perder el conocimiento
- sangrar de la nariz o de los oídos
- perder la memoria

Si experimentas uno o más de estos síntomas después de un golpe a la cabeza, ve a un doctor inmediatamente. Los golpes a la cabeza son serios.

Huesos quebrados y moretes:

Los huesos pueden estar quebrados sin que te des cuenta. Los dedos de la mano, los dedos de los pies, las costillas, las muñecas, o hasta una pierna o un brazo se pueden quebrar fácilmente, no causar mucho dolor, y después sanarse mal si no reciben la atención apropiada. No finjas estar sin dolor y no tomes esto ligeramente. Ve a un doctor y asegúrate que nada se te ha quebrado. Aquí estan unas señas de posibles huesos quebrados:

- dolor o sentir tierno en el lugar del golpe
- tener el golpe hinchado
- tener el golpe moreteado
- sentir dolor cuando te mueves o cuando le pones peso

Las costillas son especialmente fáciles de quebrar, y es especialmente difícil saber si están quebradas. Si sientes dolor cada vez que respiras, es posible que tengas una costilla quebrada. No corras riesgos—consulta a un doctor.

Si crees que te has quebrado un hueso: Pon hielo sobre lo hinchado. Puedes poner hielo en una bolsa de plástico y envolver la bolsa de plástico en una toalla o camiseta. Solamente lo FRIO puede bajar lo hinchado.

Ya cuando lo hinchado se baje, puedes remojar tu golpe en agua tibia o usar una cobija caliente para ayudar que el golpe se alivie. Nunca uses agua CALIENTE. Y nunca uses lo tibio hasta que lo hinchado se haya desaparecido completamente.

Quemaduras:

Quemaduras también pueden ser más serias de lo que parecen. Hay tres tipos de quemaduras comunes: primer, segundo, y tercer grado. Con una quemadura de primer grado, la menos seria, la piel se vuelve roja. Con una quemadura de segundo grado, la piel se ampolla. Con una quemadura de tercer grado, la más seria, la piel se ampolla y se vuelve negra. Quemaduras grandes seguido tienen todos los tres grados. Con cualquier quemadura hay el riesgo de infección. Hasta una quemadura chica, de un cigarro por ejemplo, necesita atención inmediata.

El mejor y único tratamiento para una quemadura es AGUA FRIA. Hay que usar mucha. NUNCA USES mantequilla, aceite, o hielo. Estos remedios NO trabajan en absoluto. Cuando te quemas, enfriar la piel con agua es lo único que reduce el dolor sin causar más daño.

Quemaduras son como heridas abiertas y necesitan atención especial como limpieza y cambios de venda seguidos. No dejes de ver a un doctor en el caso de una quemadura seria. Pero si no es posible, limpia y seca tus quemaduras, y usa una venda de gasa para taparlas hasta que se sequen y la piel nueva crezca.

Glosario De Términos Legales

Abogado defensor — El abogado para el acusado. Si el acusado no puede pagar por su propio abogado, el estado paga por un defensor público para que el acusado sea representado. *(defense attorney)*

Acusación — Ve "Denuncia".

Acusación formal — Hacer una queja formal que dice que una persona cometió un crimen contra ti y tú estás de acuerdo en ser testigo para el caso del estado contra el acusado. *(press charges)*

Acusado — La persona cargada con un crimen. *(defendant)*

Acusador público — Ve "Fiscal".

Asalto sexual — Ve "Violación".

Causa probable — Razón suficiente para creer que un crimen se cometió o se va a cometer. *(probable cause)*

Custodia legal de los niños — Orden de la corte designando al guardián legal de un niño. *(child custody)*

Demandado — Ve "Acusado".

Demandante — En la ley civil, la persona que reclama al acusado. Es lo opuesto a un acusado. *(plaintiff)*

Denuncia — Una audiencia antes del juicio, donde le dicen al acusado qué cargos tienen contra él y su derecho a un abogado. *(arraignment)*

Dispensa de Pago — Un documento que permite que una persona no pague lo que normalmente se cobra. *(fee waiver)*

Divorcio — La disolución de un matrimonio por ley. *(divorce)*

Evidencia — Objetos o testimonio que ayudan a comprobar la declaración de la víctima o la del sospechoso. *(evidence)*

Fianza — Una cantidad de dinero del sospechoso o acusado depositado en la corte como promesa que si lo dejan libre, él volverá a la corte para su juicio. *(bail)*

Fiscal — Este abogado representa a la ciudad o al estado y es el que procesa cualquier violación de los códigos criminales o las leyes de la ciudad. Algunas ciudades tienen fiscal del condado en lugar de fiscal de la ciudad. *(city attorney; district attorney)*

Guardia de la corte — Un guardia que mantiene orden en la corte. *(bailiff)*

Liberación condicional — Librar a un prisionero bajo condiciones antes de que complete su sentencia de cárcel. *(parole)*

Libertad condicional — Le da a un condenado libertad bajo ciertas condiciones. Estas condiciones pueden pedir que el demandado tome o no tome ciertas acciones. Puede ser parte de su sentencia. *(probation)*

Manutención — Pagos para el mantenimiento de la persona divorciada bajo orden de la corte, usualmente dados a la esposa por el esposo. También se le puede dar a la persona legalmente separada o a la persona que tiene un matrimonio anulado. *(alimony; maintenance)*

Mantenimiento para los niños — Dinero para mantener a un niño pagado por uno de los padres divorciados, al que tiene custodia legal de él. El pago se determina por orden de la corte. *(child support)*

Orden de protección — Una orden diseñada para prevenir la violencia de un miembro del hogar contra otro. Dependiendo de la ley estatal, la corte puede ordenar que el que está abusando se mude de la residencia que los dos ocupan, que pare el abuso o que no tenga contacto con la víctima, que entre a un programa de consejos, que pague mantenimiento, o cargos del abogado. La corte puede dar custodia legal de los niños y derechos a visitación y puede limitar el uso de propiedad personal. *(order of protection; restraining order; no contact order)*

Orden de restricción — Ve "Orden de protección".

Petición para trato — Un acuerdo entre el fiscal y el abogado del acusado donde el acusado queda en declararse culpable de un crimen y el fiscal queda en recomendar una sentencia específica o quitarle ciertos cargos. *(plea bargain)*

Proceso — Acción por la corte criminal contra una persona que se cree cometió un crimen. *(prosecution)*

Proceso civil — Un caso de la corte que no es criminal. Un divorcio, una separación legal, o una orden de protección son ejemplos. Un abogado particular usualmente se usa para la corte civil. El pago de daños y perjuicios también se puede recuperar. *(civil proceeding)*

Proceso criminal — Un caso de la corte donde se ha cometido un crimen contra el estado. Asesinato, robo, y asalto con agresión son ejemplos. La víctima del crimen es un testigo al acto injusto. El fiscal representa a la gente del estado en los casos criminales. *(criminal proceeding)*

Prueba de entrega — Un documento dado por la corte declarando que una orden de protección o una orden de restricción fue entregada a la persona que está molestando o golpeando. *(proof of service)*

Reconocimiento personal — La libertad de una persona arrestada sin que tenga que pagar fianza bajo la promesa que regresará a la corte, basada en sus obligaciones a la comunidad, como ser dueño de casa o tener empleo seguro. *(personal recognizance)*

Reporte del incidente — Un reporte escrito por la policía después de que responden a una llamada de violencia doméstica. También un reporte escrito después de que la víctima reporta el incidente a la policía más tarde. *(incident report)*

Ser golpeada — Una agresión, asalto, ataque, ofensa por una persona a otra. *(battering; battery; beating; domestic violence)*

Sospechoso — Una persona que se cree ha cometido un crimen. *(suspect)*

Testimonio — Declaraciones hechas en corte por la persona bajo juramento. *(testimony)*

Violación — Relaciones sexuales forzadas por el uso de fuerza o amenaza. *(rape; sexual assault)*

Mejor Sola Que Mal Acompañada

For the Latina in an Abusive Relationship

Para la Mujer Golpeada

Acknowledgments

My heartfelt thanks go to the women of New Haven Project for Battered Women in New Haven, Connecticut, especially Cindy Rochelle, Luz Fuentes, Margarita Ayala, and Sofie Turner, whose training, care and affection nourished the desire in me to help abused women.

Several women contributed much time and energy to reviewing *Mejor Sola Que Mal Acompañada*. Many thanks to Margi Clarke, Susan Crane, Ginny NiCarthy, Beth Richie-Bush, Elsa Rios, Rita Romero, Isabel Safora, and Maria Zavala for their insights, encouragement and critical attention. Susan Crane was especially generous in sharing her knowledge to clarify legal material in the book.

Thanks to Yvonne Yarbro-Bejarano for her work in copy-editing the Spanish version of the book, and to Susan Montez for her wonderful efforts to make the typesetting of *Mejor Sola* a smooth process.

I am also deeply indebted to my editors at The Seal Press, Faith Conlon and Barbara Wilson, who believed in me enough to give me this opportunity. Their commitment to Latinas and abused women made this work possible.

My husband, Charles H. Elster, deserves much praise for his love and incredible support. His editing and criticism (not to mention access to a word processor) got me from thinking I could write *Mejor Sola Que Mal Acompañada* to actually finishing the book.

Finally, I am grateful to my parents for making a bilingual/bicultural upbringing a priority. It has been a great advantage for me to speak, read and write English and Spanish, to respect the traditions of Mexico and the ways of the United States. I can only thank my parents for this gift.

It has not been easy finding an identity between two cultural forces, a challenge for the first generation of any ethnic group living in America. *Mejor Sola Que Mal Acompañada* is a prototype of what a bilingual/bicultural upbringing can contribute. I hope it can help to begin bridging the gap between Latinas who need information on domestic violence and the resources that are available to most other women.

Preface

I first started working with physically and emotionally abused women while an undergraduate at Yale University. At the time I thought that I didn't know of any women who were beaten by their partners. I had gone through a very difficult relationship a few years before that taught me a great deal about how a man can be domineering, oppressive, and frightening, and how even a strong person, as I considered myself to be, could become psychologically abused, emotionally manipulated and generally submissive. I had sacrificed parts of my personality, my intelligence, and my affection in order to fit some ideal of his, to be molded into something that I wasn't.

As I became more familiar with the subject of domestic violence and with battered women themselves, it didn't take me long to recall women I knew who were physically abused. They were not some isolated section of society, but women all around me. I remembered and recognized that the woman who lived in the apartment over our house when I was four and five years old, who every Friday night after the police arrived left with two dresses on hangers and a black eye, was a battered woman. I recognized that the friend in high school who said her boyfriend was rough with her once in a while, who had marks on her neck that were not hickeys from being kissed as she claimed but were bruises from being choked, was a battered woman. I recognized that my aunt who lived apart from her husband, whom she never divorced, was not apart from him because of his job or any other reason the family gave, but because she was a battered woman. I also remembered the comments from my family and friends that excused the violence, that ignored the seriousness of the situation, and that twisted the truth so that the woman was seen as somehow responsible for the abuse. This allowed everyone else to go about their business without reaching out to her.

Battering is a crime against all women and abuse can happen to anyone. I found, however, in the years spent counseling and doing advocacy for battered women and rape victims on the East and West coasts, that Latinas face obstacles to getting out of a violent relationship that other women do not. These range from language and literacy problems to racial discrimination. Other non-white women face these same obstacles. It is ironic that in a country composed of people from all over the world there is such an undercurrent of intolerance for people of color. I have also found through my work that when Latinas go to a social service agency, there is no bilingual/bicultural staff available to help them. Today more and more cities are experiencing a decrease in funding for social service programs, which inevitably means less bilingual assistance because it is considered a last priority.

This book is not intended to replace these needed bilingual services. It is designed to supplement the help agencies and shelters can give by providing both the abused woman and the agency with information on domestic violence previously unavailable, or available only in English. It is written from a deep commitment to all women who are victims of violence and with an undying hope that this violence will end.

Myrna M. Zambrano
June 1985

Contents

Con honor para mi madre,
Carmen Rosa Ortiz de Zambrano

Mejor Sola Que Mal Acompañada

Marieta, no seas coqueta,
Porque los hombres son muy malos.
Prometen muchos regalos,
Pero lo que dan son puros palos.

Una Canción Tradicional

Tingo Lilingo mató a su mujer,
La hizo pedazos y la fue a vender,
Y no la quisieron porque era mujer.

Una Canción Infantil

Who The Book Is For
And How It Can Help

This book is for you, the Latina in an abusive relationship. It was written to give you courage to change a situation that can cost you your health and your life. You may have already given months or years to a relationship, hoping it would get better, would change, would someday become the relationship of your dreams. *It will not change* or get better unless you do something. Perhaps you will leave him, hide from him, divorce him or see a counselor. You may feel all alone and that you have no choice but to stay with the abuser. But options to staying in an abusive, dangerous relationship do exist — for everyone. This book can help you discover them for yourself.

The word Latina is used throughout the book because it is all-encompassing. As used here it means any woman with a background from Latin America, which includes but is not restricted to Mexico, Central America, South America, Puerto Rico, the Dominican Republic, and Cuba. It refers to women who have recently begun a life in the United States and to those who may be first, second, or third generation. Their primary language may be Spanish, they may be equally fluent in both Spanish and English, or they may not speak Spanish at all but consider themselves a part of Latin culture. Because Latin America is so vast and diverse, and because this book is intended to help all Latinas, the words Chicana, Hispanic, Mexican-American or any one country's nationality have been deliberately avoided. It is a challenge to find an appropriate term for such a large group. But let's move beyond labels that too often divide us as a people to the more important subject and information contained here.

Throughout the book you'll come across several words that are used often: abuse, battering or battery, batterer, assault and assailant. Abuse refers to any kind of maltreatment, any act done to injure or punish you; it includes mental, emotional, sexual, verbal and physical harm. All of these can be devasting to a person. This book can help the person who experiences verbal abuse as well as the person who experiences physical and mental abuse. Battery or battering means the act of beating, including hitting, slapping, pushing, restraining, or behaving aggressively. Batterer refers to the person who is abusing you. An assault is a violent attack or a rape, and an assailant is the person who attacks or assaults, the person who hurts you. This could be your husband, partner, or boyfriend.

Latinas and Domestic Violence

Few studies have been conducted on how Latinas are affected by domestic violence. From what has been documented, it can be said that for the most part Latinas do not react differently from other women. Their emotional and physical response to beatings and abuse is similar, their revulsion and disgust much the same, their fear and desire to end the violence as strong. What makes the situation very different for Latinas is the lack of available resources to help them identify the abuse and explore options to stop it.

As Latinas in the United States we are all different from one another. We come from various countries, have been in the U.S. for different lengths of time, our fluency in English varies, and our acceptance of American customs and retention of Latin traditions cannot be generalized. There are many Latinas who have college educations, professional careers, and an income above the average. They have strong family and community support that allows them many freedoms and privileges. But, there are also Latinas who have come to the U.S. and left their families behind; consequently they have little family support in the U.S. The Cubana is a good example of this. Many like the Mexicana are struggling simply to make a living and keep from being deported. Others, like the woman from El Salvador or Guatemala, have come to the U.S. because of both the economic crisis in their homeland and the constant threat to their lives from political turmoil. The Puerto Rican woman, coming from or living in an American territory, has many rights and privileges on paper, but these rarely translate into actual services and opportunities nor do they exempt her from racism.

Our needs are different, yet we share similar obstacles to getting assistance as battered women. The labor statistics of 1980 show that Latinas are more concentrated in low paying, semiskilled occupations than the overall work force.* Consequently the money to move, get a lawyer, or see a doctor is not always available. For the great number of Latinas who quit school, poor education and lack of skills make it difficult to get better paying jobs. Opportunities for job advancement for Latinas are not always comparable to those of white women because of racial discrimination in the work place. Also, poor access to birth control, lack of information about contraception, and Catholic doctrine often result in a larger family, which can make it difficult to move or find affordable child care. On top of all this, assistance in Spanish from another Latino can be scarce. Social service agencies, women's centers, crisis hotlines, and women's shelters frequently are without bilingual/bicultural counselors. In getting help from a lawyer, doctor or psychologist, the search for a bilingual/bicultural sympathetic professional is at times near impossible. It is important to speak to someone who understands your language and culture and with whom you feel comfortable. Being beaten by your husband or boyfriend is a private and painful thing to talk about, and it is even more difficult when there are language and cultural barriers.

But there are ways to get around the obstacles you may encounter, and ways to have your needs met. You can start by asking for the aid of others, like a friend, relative or counselor. Their help can give you strength to help yourself.

What Is in the Book

Different kinds of violence and abuse occur in the family. There is violence against children, violence against grandparents, violence against a husband or wife. This book will look primarily at the Latina who is involved in an abusive relationship with her lover, whether he is a husband or boyfriend, whether she is living with him or dating him, and whether the abuse is physical or emotional. This book will try to help you first to un-

---

* 1983 Handbook on Women Workers, U.S. Department of Labor, Office of the Secretary Women's Bureau.

derstand the problem, then to end or escape it. Each chapter in *Mejor Sola* provides practical information on how to stop the abuse and gives you help and encouragement to explore your options. The book will take you from identifying the problem, to making a decision about your situation, to getting help and support, to living without an abusive partner.

You can read straight through the book or you can skip around to the sections that you feel you need to read right away. It is perfectly all right to choose to read sections out of order; however, it is a good idea at some point to read those sections you skipped so you get the full benefit of the book. The Spanish and English versions of the book are the same.

The best way to find what you need is to use the Table of Contents at the beginning of the book. Read it through and then decide where you want or feel you need to start. Chapter 1 identifies what abuse is to help you recognize it. Chapter 2 is about the false ideas or myths about battered women that keep many in an abusive home. It deals with why you are in an abusive relationship and why your partner is an abuser. Chapter 3 talks about why a battered woman stays in a violent home and explores the problems that children, family, Latino culture, and religious beliefs present. Chapter 4 begins the section of the book that deals with how to get help in an emergency. It will give you information on how hospitals and police departments work and what you can expect from them. Chapter 5 covers what alternatives you have if you leave your home. Chapter 6 explains your legal options. These include orders of protection, pressing charges against the abuser, getting a divorce and child support.

Chapter 7 talks about your emotional state and how to get the support you need during and after the ordeal of being abused. Chapter 8 addresses special problems such as immigration status, not having money or not speaking English. Chapter 9 helps with maintaining your safety once you have it; if you've had several violent relationships this section is especially important.

Chapter 10 is for those people who want to know more about domestic violence, Latinos, and how to help. If you are a counselor you might want to read this first and then go back to the other sections. A glossary follows Chapter 10 to help with legal terms in both English and Spanish. The appendix includes some very important, basic information on first aid.

Frequently Latinas choose a non-Latino for their partner. The man may be white and the woman Mexican, or he may be Black and she Puerto Rican. Living with someone whose color and culture is different may involve problems that need special attention. Although interracial couples are not specifically addressed in this book, the Latina can still use what help is given here.

Another kind of abusive relationship is that between partners of the same sex. Many people think that two women who are lovers are free of domestic violence; however, abuse does exist in lesbian couples. The abused woman in this situation can also benefit from the information given here. A women's center or a counseling center familiar with gay couples can offer additional help that is sensitive to her needs. My expertise comes from my experience working with heterosexual Latinas whose partners are Latinos, and this is the focus of *Mejor Sola Que Mal Acompañada.*

Chapter 1

What Is Abuse?

Are You in an Abusive Relationship?
If you are feeling any of these things:

- I am afraid of the man I live with.
- When he only hit me it wasn't so bad, now he hits the children.
- I am tired of being humiliated in front of others.
- The only way to stop the abuse is to kill him.
- I cannot take another beating, I think I'll die next time.
- He never forced me to have sex before, now he threatens me and rapes me.
- I want to be safe in my home.

This Book is for You

Characteristics of Abuse

Abuse takes many different forms. It can be physical, emotional, or sexual. It can happen every day or every once in a while. It can occur in public places like a store or a park, or in private places like your home or your car. It can leave you with bruises and bumps on your body, or leave you with a hurt inside that no one can see. How do you know if you are abused? Here are some common characteristics of abuse.

Physical abuse

Does your partner:
- Hit, slap, shove, bite, cut, choke, kick, burn, or spit on you
- Throw things at you
- Hold you against your will
- Hurt you or threaten you with a deadly weapon like a gun, knife, chain, hammer, belt, scissors, brick or other heavy objects
- Abandon you or lock you out of the house
- Neglect you when you are sick or pregnant
- Endanger you or your children by driving in a wild, reckless way
- Refuse to give you money for food and clothes

Emotional abuse

Does your partner say or do things that embarrass, humiliate, ridicule or insult you? Has he said:

- You are stupid, dirty, crazy
- You are a fat, lazy, ugly whore
- You can't do anything right
- You are not a good mother
- Nobody would ever want you
- You don't deserve anything
- Your mother is a whore

Does he:
- Refuse to give you affection as a way of punishing you
- Threaten to hurt you or your children
- Refuse to let you work, have friends, or go out
- Force you to sign over property or give him your personal belongings
- Brag about his love affairs
- Accuse you of having love affairs
- Manipulate you with lies, contradictions, promises or false hopes

Sexual abuse

Does your partner:

- Force you to have sex when you don't want to
- Force you to do sexual acts that you don't like
- Criticize your sexual performance
- Refuse to have sex with you
- Force you to have sex when you are sick or when it puts your health in danger
- Force you to have sex with other people or force you to watch others having sex
- Tell you about his sexual relations with other people
- Have sex that you consider sadistic, or sex that is painful

Destructive acts

Does your partner:

- Break furniture, flood rooms, ransack or dump garbage in your home
- Slash tires, break windows, steal, or tamper with parts of your car to break it down
- Kill pets to punish or scare you
- Destroy your clothes, jewelry, family pictures or other personal possessions that he knows are important to you

Are you abused?

You Are Not Alone

As many as one half of all marriages in the United States experience family violence at some time. Studies estimate that 1.8 million women are beaten each year by their husbands. Half of all murders in the family involve the husband and wife.* It is not unusual for a few shoves and slaps to escalate into choking, kick-

---

* Jean Giles-Sims, *Wife Battering, A Systems Approach,* The Guilford Press, 1983, page 30.

ing, punching and rape. The abuse does not usually stop there; it is accompanied by put-downs, insults and false accusations — what is often called mental abuse. For many women, the mental abuse is far worse and more devastating than the physical abuse; bruises and broken bones heal, but the mental abuse leaves permanent scars.

Battered women are not a new phenomenon. Accounts of women being beaten and raped by their partners go back to Biblical times. Battered women are found all over the world. They come from large and small families, from rich and poor backgrounds. In China there is a saying that women are like gongs and should be beaten regularly. In France it is said that women are like walnut trees and should be beaten to bear fruit. An old English common law says that it is all right for a man to beat his wife as long as he doesn't beat her on the Sabbath and the switch is no bigger than the man's thumb (the source of the phrase "rule of thumb"). In Latin America there is a saying that a man who is manly and macho enough to beat his wife is not really a man if he doesn't do it twice.

During the women's movement of the 1970s, grassroots feminists, community activists, and former battered women came together and organized against domestic violence. Their goal was to provide refuge and emotional support for battered women, and bring the problem of violence against women out into the open. In 1978 the National Coalition Against Domestic Violence (NCADV) was formed to unite the different groups working against violence in the home. This coalition exists today, lobbying Congress and state legislatures to ensure that women have protection under the law and that the law is enforced.

At the first NCADV conference a Third World Women's caucus formed to share support and insights about non-white women. Their aim was to educate people on issues pertaining to women of color and to promote the establishment of organizations and services for battered non-white women. Since then other coalitions have formed to analyze and define the needs of women of color and to address issues other than battering, such as feminism, lesbianism, criminal justice and political violence. Today there are approximately five hundred battered women's shelters in the United States that operate twenty-four hours a day to assist abused women.

It is through the efforts of women helping women that we have come so far. But in spite of the progress we have made to combat violence against women, we are still working to make other changes. We hope to see a battered women's shelter in every city, to develop successful treatment for batterers, to have mandatory arrest and counseling for batterers and have all the laws enforced that are supposed to protect women from physical abuse. Women are working toward these goals every day. And more men are beginning to see that they have a responsibility to end violence against women.

You are not the first battered woman and, unfortunately, not the last. Your situation is shared by many. There are women all around you, some organized in shelters and some outside shelters, who can and will help you. Why does a husband beat the person closest to him, the person who shares his life? Why does a woman tolerate his violence? This book will try to answer these questions, but most important, it will try to give you hope in a situation that appears hopeless, and provide alternatives to giving up and giving in.

No One Deserves to Be Abused

There are a few things to keep in mind as you think about your violent marriage or relationship and what to do about it:

- *No one deserves to be beaten no matter what she has done.*
- *The violent man, not you, is responsible for his own behavior.*
- *Only he can stop the abuse, only he can control his anger.*

I am a great believer in our power as women. You can learn to recognize it within yourself because we all have it. This power is what allows you to go on cooking, cleaning and going to your job when your child is sick; it is what enables you to love others even though you may have gotten little in return; it is that strength that keeps you going day to day while you endure emotional and perhaps economic hardships. For many women the insults, the brutality, the day to day subordination by men is a common occurrence, and they have learned to resign themselves to suffering. You may need some help to find that powerful woman inside you who will change what is hurting you. You can start a new life with the support and inspiration of others. I hope that this book can be that beginning for you.

Six Women's Stories

This section looks at a few women who consider themselves abused. Although their individual circumstances are different, they all feel frustration, anger and fear. They want to change their lives and have only recently begun to take the necessary steps to stop the violence in their homes. Here are their stories.

Magdalena

Magdalena is nineteen years old. She has been living with her boyfriend for two years. Since they've been together the beatings have worsened and this scares Magdalena. She feels ready to talk about the violence in her relationship, even though she's not sure what to do.

"The first time Armando ever hit me was when we were in high school together. We'd been going together since the eighth grade but he didn't hit me then. I didn't think that he hit me very hard, and then I'd see the bruises on my face where he slapped me and on my arms where he punched me. I'd have to wear lots of makeup to cover the bruises on my face. My dad always teased me. He called me 'payasa,' because of all the eye shadow and stuff. Those on my arms weren't so hard to cover up. I'd just wear long sleeves.

"I guess I didn't think the beatings were so bad because I was more afraid than anything else. Like when he would hit me in the car when he was driving. He'd be driving and hitting me at the same time. One time I decided that I'd had it, that we were going to break up. He said, 'OK, OK. Anything you want, baby. Come on let's take a last drive.' He seemed calm, so I got in the car. He drove on the freeway and stopped in the far left lane. I couldn't exactly get out or anything. He started to beg me not to leave him. It was scary parked there; all the cars went by so fast. A highway patrolman stopped behind us and wanted to know if anything was wrong. Armando lied. He told the officer that the car started to stall, but that everything was cool now, so the officer left. I wanted to get away then, but Armando hadn't done anything yet, he hadn't touched me. I really felt trapped there. How could I escape without getting hit by a car? So I said I'd give him another chance and then he drove me home.

"I guess I really wanted it to work out, but I also knew that he wouldn't let me go until I agreed with him. Besides, what would everybody at school think? We'd been together for a long time and a lot of girls wanted to go out with him. I'd be crazy to let him go.

"After high school we moved in together. I was working at a department store and Armando worked part-time. It seemed like everything was great. After about two months he started again, started hitting me again. This time I was going to do something, so I told Yolanda, my best friend. She said, and I'll never forget it, 'So what, you think my boyfriend doesn't hit me? That's how men are.' It was like I was wrong or weak because I wanted to do something about it. Last time he got mad he threatened me with a knife. That really scared me."

Soledad

Soledad is a mother of six children. Only four live with her now. The oldest two are married and live on their own. She's considered leaving her husband, but never this seriously, she says. The last time he beat her, he also beat up her oldest son at home, who is fourteen. He missed school because of the beating and has been extremely depressed since it happened.

"My kids, I know they don't like their father and this is why I want to do something. You know, my girls got married to get out of the house, I know they did. Their husbands aren't good husbands. My oldest daughter, who lives in Tijuana, has come to visit me with bruises or a swollen lip. It's that dog she married who hits her, I know it. But Gustavo, my husband, won't let her back in the house. He said, 'She got married, now it's her problem.' In a way I'm glad that she can't live with us because this house is like a prison. Well, even in a prison they treat you better.

"You know, Gustavo won't let the children go anywhere after school or even bring their friends to the house. He says there's plenty to do here. What can they do? He won't even let them watch television. He only lets the TV go on when he's home and then everybody has to watch whatever he wants. I don't mind so much for me, I don't need to be diverted, but the kids — not even that pleasure.

"Do you know that sometimes he doesn't even let me go to the store? When he gets paid he buys all the food for the week and he pays the bills. I don't see one cent and he says I don't need any either. But a person needs at least a little money to feel like a person. Sometimes I'll need a little something to complete the dinner and I have to ask him for permission to go to the corner where there's a little store. When I get back he tells me how long I took and if it's longer than what he expected, he accuses me of being with another man. Can you imagine? I barely have enough time to hurry there and back, I'm not seeing anyone, really.

"His rules go even further. No one is allowed to use the telephone. He will even take it to work with him so that no one will use it. What if I had an emergency or something? And even when he leaves it I can't use it. He calls from work every few hours to see what I'm doing. And God forbid that the phone have a busy signal because then there's real trouble. He will accuse me of talking to my boyfriend. He also drives by whenever he can. At his job he has to make deliveries, and so he will drive by the house to make sure that I'm at home. Where am I going to go with no money, not even to the corner.

"He makes sure he has a good time, I'll tell you that. He likes to drink and on weekends he'll bring home several friends. They are so loud and disgusting, and yet we have to serve them their food and bring them beer and listen to their obscenities and insults. It makes me sick. It's on the weekends when he drinks that he'll hit me. This last time he hit my boy too. He tries to protect me, but Gustavo is still strong. Strong enough to beat us both.

"I've been married for twenty-five years and I can't remember when things were any different. But I can't let him hit my boy again."

Pilar

Pilar is thirty-five years old and has five children. She has been in the hospital twice because of beatings from her husband, Manuel, who has a very good position with an electronics manufacturer. Manuel is a legal citizen and has been promising Pilar that he will get her citizenship papers, but he hasn't yet. Every few weeks Manuel disappears for several days. During this time Pilar has left her house and taken refuge at her mother's, hoping to leave Manuel permanently. Her mother's house is small and with Pilar and the kids it is very uncomfortable, so Pilar inevitably returns to her own house. Her mother is tired of Pilar coming and going from her house. Manuel's family also knows about the trouble in his marriage but they seem to think that it is Pilar's fault for not being a good wife and mother. They say she needs his "discipline."

"The first time I went to the hospital Manuel had broken my nose and cut my head open. He hit me on the head with a wooden clothes hanger and I got seventeen stiches over my ear. I can't hear well on that side since that happened. The other time, I was pregnant with my third boy, Panchito. Manuel hit me and kicked me so that I almost miscarried in my sixth month. You know, Panchito has always been a slow learner and I think it's because of the beating before he was born.

"All my children are afraid of their father. They only go near him when he calls them. The kids are very quiet and afraid of everything. I think it's because they were all conceived in terror. After I knew what kind of man he was, I didn't want to have any more kids. To this day he threatens to kill me if I don't sleep with him. What kind of child can you conceive like that?

"My family knows how violent Manuel is. My brothers often say that they are going to talk to Manuel, but when I ask them to they become afraid because they know that Manuel has a gun. One night he had been away a few days. So I locked the doors, and the children and I went to sleep. My brother stayed with us because I told him I was afraid of Manuel. Manuel came very late and banged on the door. I didn't let him in at first, but then I did because he was being so loud. He came inside and told my brother to get out. My brother said he wouldn't and they argued. Manuel took his gun out and said, 'Either you get out or I'll kill you.' My brother said, 'Well you'll have to kill me.' The children were screaming and we were all huddled together in the bedroom. Manuel shot my brother in the foot and then he ran off scared of what he had done. It was awful. So now my brothers don't want anything to do with him.

"Manuel has been promising that he will immigrate me. I've

never seen any papers, but he says that he has someone working on it. If I ask him about it he gets mad and says that I don't deserve it because I don't trust him. So I let it go and the way he keeps me quiet is he buys me clothes or gives the kids new bikes, thinking that I'm going to forget about it. But I need to know about my papers. So every day goes by and nothing gets done."

Esperanza

Esperanza is a young mother with two children. She came to the U.S. with her husband, Felipe, before her two children were born. They have been working in a factory for the five years since her arrival. Esperanza and Felipe hope to gain legal citizenship in the U.S. someday. They had been paying a lawyer a little at a time for processing the immigration papers. When they had nearly finished paying the full amount, they went to visit the lawyer to see when their paperwork would be completed. The lawyer had abandoned his office and they were never able to find him. Esperanza later had a miscarrage and it was at the clinic that they noticed that she was underweight and had bruises on her back and arms.

"Well, what can I say. I'm very ashamed to be in this position. I have a cousin who I could talk to, but he lives in Chicago, I think. I don't know, I sometimes think about going back to Mexico. But life is very hard there and I don't think I could support myself and the kids. I haven't told my family anything about Felipe. You see, my mother has a very weak heart and I don't want anything to upset her. Besides, what can they do so far away?

"I have never called the police here because Felipe told me that they will deport us if I do. I've thought about learning some English, but between work and the kids there is hardly any time. So I've never really asked anybody for help. Anyway sometimes he goes months without hurting me and I try to forget about it and just work.

"I'm very sad because the last time Felipe beat me my two little ones started hitting me too. They were saying 'You're a bad mommy, you're a bad mommy.' It hurt me very much. The kids love Felipe. He brings them ice cream and little toys. They are so happy to see him. I feel that he is poisoning them against me. I don't want them to grow up without their father. But what goes on between us can't be a good example for the children, can it?"

Cati

Cati is a single mother with two teen-age children. She is a successful real estate agent. The relationship with her boyfriend has been on and off for several years. Although she and her boyfriend do not live together, Cati has found the relationship difficult to end.

"All the things in my home are mine; I bought them and paid for them, all of them. When he moved out he wanted to take half of my things. He said he helped buy them. If anything I supported him all that time we were living together. He still bothers me and harasses me about the stereo, the TV and the car. He did give me some jewelry and we took some trips together, but he gave me those things. He recently put dirt in the car engine. He ruined it. I called the police and reported it, but I still have to fix it. He's done this twice.

"One time the neighbors called the police. They heard screaming and yelling. He had been hitting me and throwing things around the house. A police officer came to the door and asked if everything was all right. You know, he stood right behind me and I had to say that everything was fine. I was afraid he'd do something if I didn't.

"He doesn't have keys to this house and I try to keep him away, but he keeps coming back. This last time he came when I wasn't home and the kids were by themselves. He told them that I asked him to drop by and wait for me. My daughter doesn't like him but she's afraid of him, so she let him in. When I got home there he was. I told the kids to leave. I didn't want them to see us fight. He did something that really scared me, he told me to take my clothes off. He kept on saying this and I kept telling him no. I told him that this time I would call the police, that he wasn't going to hurt me. I'm not sure what happened, whether he changed his mind or he was afraid the kids would come back, but he left. I was so terrified. I don't want anything like this to happen again."

Piedad

Piedad is fifty years old; her husband, Nacho, is sixty-five. They live alone now that their kids are grown and married. Don Nacho has been retired for five years. Although Piedad has never been physically abused by her husband, she considers the emotional abuse severe and is looking for some kind of help that will improve her marriage.

"I just can't seem to do anything right. If I cook dinner and he's not hungry, then he gets mad because he says he's not ready to eat. If I wait and cook later, he accuses me of neglecting him and not caring about him. He gets mad about everything. He's impossible to please.

"After he retired I decided to go to night school to improve my English. Maybe I would have gotten a job, but he has never allowed me to work. So, school seemed perfect. If I was at school, then we wouldn't be at home so much and have so many disagreements. Well, every night when it was time for me to go he would either get angry and not say one word to me, or he would start accusing me of having a boyfriend at school. I didn't have a boyfriend at school — can you imagine at my age? So, I stopped going, I just got tired of the shouting and fighting every night. When my granddaughter started going to school I volunteered to help the teacher in the afternoons; she said that she needed help with the children. Well, that was another disaster because Don Nacho complained and complained about being alone and . . . well, I stopped going there too. The thing is that when we are together he is always fighting with me. I don't see why he wants me around him.

"I don't have many friends, really, because of him. When some of my friends from church come to the house, he is so rude. He interrupts, he tells me I don't know what I'm talking about and that I should shut up. I feel so embarrassed and humiliated in front of them. They don't come to visit often anymore, and when they do they try to come when Don Nacho is not home, and then only for a few minutes so that they won't run into him.

"When Don Nacho drinks, even the dog hides. He is so abusive and insistent. I hardly ever say anything to him so that we can avoid having a fight, actually to avoid having him yell at me because I never get to say much. He calls me names and insults me, and that hurts very much. I have severe headaches and stomach problems that the doctor can't find a reason for. Don Nacho gets mad because I don't sleep with him anymore. But how can I sleep with a man who has just finished insulting and humiliating me?

"Sometimes I wish that he were dead. I know I shouldn't feel this way, but I find it hard to deny these feelings. For this, I'll probably go to hell. I talked to my priest about this. He told me I should try harder to understand my husband and make him happy. He told me that I had a lot to thank him for: my children never went hungry or dirty and I was not in need of anything. After that I never mentioned it again."

Chapter 2

Social And Cultural Reasons For Abuse

Is It True What They Say About Battered Women?

People say many things about why women are beaten by their husbands or boyfriends. You may have heard that it's because the family is poor, or the woman has a job and isn't home, or because she is not very smart. But women of *all* cultures and races, of all income levels, and of all personalities can be and are physically and emotionally abused by the men they are involved with. Most of what is said about battered women is meant to excuse behavior that is violent, irrational, and illegal. Most of what is said is cleverly designed to get around the basic fact that one person beating another is wrong and cannot be excused. Most of it also blames the person being beaten instead of the person doing the beating. But why should the men be protected and the women blamed? When people, or the men themselves, try to make excuses for the violence or blame women as the cause, they are denying and ignoring a very serious, complex problem. Perhaps worse, they perpetuate "myths" about domestic violence — false ideas and false reasons why men abuse women (and why women should accept it as natural) that circulate throughout society in movies, magazines, bars and beauty salons until they are so widespread that no one questions them and everyone believes they are true. The most terrible and untruthful thing is that these myths make abused women believe that it is all their fault and that they can control the violence if they really want to.

Don't believe these myths — they are false. They don't change or help the situation, they allow it to get worse. They let men get away with cruelty and brutality, and make women fearful and submissive. Instead of believing what people say, you can learn some of the facts about domestic violence that can help to change your anger and frustration into action and fulfillment.

Myths and Realities

Myth #1   Battered women like it or else they would leave.

FALSE   No one likes being threatened, slapped, shoved, thrown around, choked, hit or kicked. But it is difficult to leave a man who is your only support, or who has sworn to kill you if you leave. It is difficult to leave if you don't know where to go and have children to think about and provide for. A woman doesn't stay in a violent relationship because she likes it, she stays because many times pressure from her family, church and community leaves her feeling she has few, if any, alternatives.

Myth #2   If the battered woman sticks it out long enough, the relationship will change for the better.

FALSE   If the woman doesn't leave, get legal help or counseling, the beatings and mental torture are likely to get worse, not better. Many women stay hoping the abuse will eventually stop. Some finally leave when the violence is so bad they want to kill the abuser or know that the next time he will kill them. It's dangerous to wait until this point of desperation; almost half of all women killed in the United States are killed by their boyfriends or husbands.*

Myth #3   If he didn't drink he wouldn't beat his wife or partner.

FALSE   Although in many relationships alcohol appears to provoke or encourage violent behavior, women are physically abused by men who are sober and by men who don't drink. Alcohol is just a part of the reason he hits. At times the alcohol gives men a false sense of power. It cannot be said that it is the only cause, or that if he stops drinking the beating will stop.

---

* R. E. Dobash, R. Dobash, *Violence Against Wives: A Case Against the Patriarchy*, The Free Press, 1979, page 17.

Myth #4   Women deserve to be beaten because of the way they be-have.

FALSE   No one deserves to be beaten no matter what she does. Women who are beaten know only too well that it happens most of the time for no reason at all. If the dinner is served late she gets beaten, if she serves dinner on time she gets beaten. He is never pleased or satisfied with anything she does. His anger and his desire to have total control are the causes of his outbursts, not her actions.

Myth #5   If he works, is a good provider, and good with the chil-dren, a woman shouldn't ask for more. She should tolerate some of his character defects.

FALSE   A husband who is good with the kids and brings home a paycheck shouldn't be excused from violent behavior. *Violence in the home shouldn't be tolerated under any circumstances.* The wife deserves to be well-treated, just like any member of the family. No one would ap-prove of staying with a man because he only beat the children!

Myth #6   Battering doesn't affect the children. They are just kids and don't notice these things.

FALSE   Battering most definitely affects children. In fact, a high percentage of men who are batterers saw their own mothers beaten.* Battering can be learned. It is very possible that if your children wit-ness beatings, they too will grow up to be batterers or the victims of abuse. Also, living in the midst of an explosive situation frequently contributes to learning and personality problems in children. Al-though kids may not talk about the violence, they know it exists, and it has a deep impression on them.

Myth #7   This is God's will and no one should interfere.

FALSE   God may plan for much of what happens in our lives, but he would never plan for a woman to be regularly beaten by her part-ner. We may not be able to avoid something like a fatal disease or the death of a child, but what control we do have over our lives can be used to help stop the violence. It is far more likely that it is God's will that we live in peace and harmony than in the middle of violence.

---

* M. Straus, R. Gelles, S. Steinmetz, *Behind Closed Doors: Violence in the American Family,* Anchor Press, 1980, page 100.

Myth #8   Yes, women shouldn't be beaten, but what goes on in a home is no one else's business.

FALSE   Domestic violence is everyone's problem. Women are maimed and killed everyday. Physical assault is wrong and it is illegal. We are all responsible for its end. Your husband has no more right to harm you than a stranger, who would be convicted and sent to jail if he beat you or tried to rape you in your home.

Myth #9   If women would fight back, men wouldn't keep on beating them.

FALSE   Even if women do fight back they are beaten, sometimes even more severely. Most women are physically smaller than most men and no match when it comes to a fist fight.

Myth #10   Battering is a problem of the poor and uneducated.

FALSE   Battering is a crime aginst women that affects *all* communities. Abused women can be rich or poor; they can be white, Black, or Latina; they can have a high school education or a college degree. Although you may know only of poor women who are beaten, wealthy women are also victims of domestic violence. These women usually have more resources to keep their bruises from public view. They can see private doctors instead of emergency rooms, they can consult lawyers instead of legal aid, they may live in less crowded areas where people don't hear what's going on. They are less likely to ask for help from public agencies and are better able to keep their problems private. Admitting you are being battered does not show you are poor or uneducated. It says that you are being taken advantage of physically and mentally and that your partner needs immediate help. The violence in your home should not be a shameful secret that keeps you from getting help.

Why Me? Profile of the Battered Latina

Most women have expectations of what they want from a relationship and a partner. You might hear women say that they want financial security from a marriage, with the husband as principal earner. They want a devoted, faithful husband who will shield them from hardships. He should plan for the family's future, discipline the children when they are older, though have little to do with that when they are young. The kitchen is supposed to be the woman's turf and house cleaning her job; the man shouldn't intrude upon this area by assuming household tasks or criticizing how they are done.

Although women want to be able to make their own decisions, many times they think they need — and even expect — the man's approval. It's considered a sign that he really cares or respects his wife or girlfriend when he gives his permission to let her do certain things. For example, you might hear a woman brag that her husband would never let her wear this or that, or he won't let her go to that place. In this way he assures that she keeps within the limits of a "respectable woman."

These roles and expectations are part of a socialization process that affects women from all economic levels and cultural backgrounds. Many ideas about a woman's "place" have been handed down to women from their mothers and grandmothers, but it is also the structure of society itself that is instrumental in keeping these expectations alive. The roles we are expected to fulfill very often limit what we can do in the world, confine our influence to the home, and force us to make the needs of our partners and children our main concern.

There are also cultural forces that shape our lives. Like many other women, you, the Latina, are at the heart of your family. There are responsibilities and expectations that you live up to every day to keep your family going. Without you the family would not be complete; you are the center of the security and stability of your home. You may be the one who spends time with the children, feeding, clothing and nursing them when they're sick. You may be the disciplinarian, making sure they do their school work and their household chores. You may be the educator about Latino customs and traditions of your family. You may be the one to teach them self-respect and respect for others.

No matter how small or simple your home you keep it as clean and tidy as possible. You may give your family hot meals every day, rarely using instant American conveniences. The food preparation might often keep you standing in the kitchen while your family sits and eats. You give of your time to those who need you. And you may be the main economic support of the family.

Why you are being abused is a question with many answers. Some women saw their own mothers beaten when they were children and feel that this just happens in a relationship; many grew up in a home where men were considered better than women, where women were raised on the story of Prince Charming taking them away to live happily ever after, where women never decided their own futures.

A common reason why a man abuses his wife is to show that he controls the relationship. Because of sex-role socialization, women very often allow someone else to make decisions for them, and men very often take it upon themselves to make decisions for women — thinking that it is part of being a man. You may have given up making decisions in your marriage or relationship because you thought it was the right thing to do, that it would keep your partner from getting angry, or just because "Latinas should." There are other expectations many Latinas have accepted that often conflict with what we as individual women want from our lives.

For example, before marriage Latinas are not supposed to have a lot of boyfriends, yet we must be able to choose the "right" man. We should go from our father's house to our husband's house, never living on our own, as this might indicate we are "libertinas." We are supposed to be educated, but not so educated that we alienate or intimidate men. If it is suspected that while single we are sexually active, we shouldn't use birth control because then we are getting away with having premarital sex without ever suffering the consequences of pregnancy and marriage — even if early motherhood keeps us from finishing school or developing job skills.

We are expected to marry and even encouraged to marry a man "que nos conviene," not necessarily one we love. We are supposed to make our husbands happy, let them make all the major decisions as head of the house. We are supposed to have children. Husband and children become the priority; thinking of ourselves — what we need — comes last. We must be at the disposal of our husband, even if it means leaving a job or school. We must be the mediator between all family members and keep the peace. We must support and back up our husbands no matter what, and never contradict or criticize them in public, even if that means never expressing our opinion. We are supposed to make ends meet no matter what the budget or allowance. We are supposed to respect and obey our husbands. A disobedient wife is considered selfish and self-centered, someone who is not keeping the family's interest in mind.

The combination of our society's, our culture's and our own expectations about marriage many times leaves little room for us to choose what *we* want. It is no wonder that so many of us fall into a relationship that is neither good for us nor what we really desire.

The expectations about what you should and shouldn't do may make you take a passive role, accept whatever comes your way, and keep you from making your own decisions. Sometimes that means having children you don't want or can't feed, sometimes it means giving up your education, sometimes it means being abused day after day. The more you believe that you should not speak your mind and never be disagreeable, the more likely it is that you will live a life that is not your own, that is in someone else's control; you may never get to do what you want, whether it be going to school, getting a job, or leaving a bad marriage.

As Latinas living within American culture, we cannot help looking at both Latino and American customs. What are the Latin traditions and beliefs that we retain, which do we reject or modify? Some Latin traditions and customs can be practiced in the U.S. without creating a conflict, such as the woman being the one to cook and clean, or the mother taking charge of the children. Yet these and other customs are questioned by Latinas partly because of the influence of living in America and partly because women all over the world are starting to take a look at traditional female roles and how they can oppress women and suffocate their aspirations in life. How can Latinas expand their abilities without losing respect for Latino traditions? Is it all right to deviate from the values with which we were brought up? Is it possible to pick and choose among Latin and American customs?

You don't have to accept them all nor reject them all. You are fortunate enough to have strong cultural roots and also be in a country where there are many opportunities for women. You can change your ways of doing things and continue to preserve and cherish your Latina heritage. And you can do it in your own way, the way that is right for you.

Why Him? Profile of the Latino Who Batters

Strength and assertiveness are qualities found in many men. Latinos, like other men, are taught early on to respect and protect women, to guide and look out for their families. For the Latino the family is sustenance. His rules give the family structure and continuity; they are meant to be an example to the children of what is decent and just. He may prefer that his partner dedicate herself to the home rather than become overworked holding down a job and become less attentive to the children. Protection of his female children seems exaggerated at times, but is often a desire to spare them from the harsh realities of life. He sees himself directing them to respectable futures with husbands who are economically secure. The aloof manner he sometimes adopts with his male children is often intended to toughen them for life's difficulties. His children are his hope for the future, his guarantee that the family name will continue. Like other men, many Latinos live their lives according to a system that makes women and children dependent on them for their livelihood.

Why a Latino beats his wife or partner has no definite answers. Men who batter are as diverse as the women they abuse. Some of the documented reasons why a man behaves violently toward his partner include an inability to handle stress, the inability to express feelings, uncontrolled aggression, or the belief that physical violence is an acceptable outlet, a permissible reaction to disagreement.

Many men, Latinos and non-Latinos, grow up seeing their fathers beat their mothers and think that this is the way to resolve conflict. Some men were themselves physically abused as children. Theories and studies about why men batter often give reasons for what motivates a man to hit his wife, but stop short of saying why men direct their violence at women, especially their wives. We need to know much more about the social conditions that make women the targets of violence.

It is possible that the tolerance of violence in our society carries over into the family, permitting a man's use of physical force against his wife. Our society suffers from sexual inequality, which puts men in positions of power; male violence often is used as a way to maintain that power.

Even though the motivations of individual abusers are

unique, men who batter, whether they are Latino or non-Latino, are making a statement to women about the kind of relationship they believe they are entitled to. In this sense battering is an extreme way of saying, "In this relationship the man is superior to the woman." A man beats to remind a woman that the relationship will proceed in the way he wants, that he can control it, that ultimately he holds the power. *

In Latino culture, like other traditional cultures, the man often expects certain qualities in his partner that will allow him to be dominant and to maintain control. When he marries, he expects his wife to be devoted, to keep house, to have and take care of the children. He wants someone who will acknowledge his place as a man, where his machismo is not questioned but respected.

For some Latinos, employment is low-paying and its menial nature does very little for self-esteem. The Latino works hard yet earns little. His educational opportunities are often limited, making it even more difficult to get a better paying job. Frequently schools direct Latino boys into shop and auto mechanic classes instead of college preparatory classes. The endless discrimination a Latino encounters in a working world dominated by white males contributes to his feelings of powerlessness. He may work as steadily and as productively as others, but not be promoted as often or as high as his white co-workers. It is a demoralizing experience for him to apply himself as best as he can and then be overlooked when it's time for a raise. To have his family dependent on him, to be too proud to allow his wife to help, and to be denied the monetary rewards he deserves is an ongoing disappointment that slowly kills hope for a better future. It is a process that invites depression, anxiety, and anger. This anger is often turned against himself, his children and his wife, because to turn it back on its source — the system — can mean the loss of his job. Yet it is not just the struggling Latino who abuses his wife. Well-educated Latinos who earn good money and have rewarding careers also experience many of these same effects of racism and discrimination that contribute to violence in the home.

* Susan Schechter, *Women and Male Violence: The Visions and Struggles of the Battered Women's Movement,* South End Press, 1982, page 222.

Latinos who come from countries where there is political turmoil and economic distress have had to face further oppression that can strip men of their pride and integrity. The hardships that follow forced relocation are sometimes unbearable. The men may feel a great loss of power, that they only have control in the home. They may not be respected in the outside world, but in their home they will demand it.

Like other men, the Latino gets positive reinforcement for expressing himself physically instead of emotionally. Showing hurt, crying, displaying emotions that are considered effeminate is thought to be unmanly by most of society. How many times have you heard parents tell their sons that only girls or women cry? When a man becomes angry he is much more likely to hit something or yell rather than cry or withdraw and be quietly angry. The man who batters does not express his anger in words. He does not talk things out in a time of stress. He uses a physical outlet for his feelings.

A Latino who beats his wife feels inadaquate, fears rejection, and has low self-esteem. Abusing his partner is his way of avoiding feelings of rejection and insecurity, and demonstrating his control over the relationship. It is a destructive pattern of behavior shared by many abusive men, and it needs to change.

Why Us?

It is common in many homes to stress the values and beliefs that designate the man as the authority figure and the woman as subservient. Of course, not all women in these relationships experience physical abuse, but a traditional marriage does tend to reinforce certain "acceptable" male and female roles.

And yet, it is not always possible to live in such rigid roles. Some women may prefer a career over motherhood, or are happy to only have one or two children. It should not be assumed that all Latinos maintain or want to maintain traditional relationships. But strong cultural and social expectations may leave little room for growth or change — and when change does take place it can be traumatic for the relationship.

As a Latino couple enters a relationship or marriage, their expectations put pressure on and oftentimes smother them. For example, if the man loses his job and the woman goes to work, the man may not be able to accept the change. He may feel less of a man because his wife has become the principal wage earner. Another example might be if the man stays out all night and his wife wants to know why, he may not feel like telling her where he's been — or that he even owes her an explanation. As head of the household he feels free to do whatever he wants, whenever he wants. The distribution of power in the relationship becomes very uneven. The man is allowed certain privileges because he is a man and the woman must listen and be silent.

Many couples also have difficulty communicating and don't talk over their problems. The man may treat his partner like a child and refuse to discuss problems, fears, or even hopes he may have. He makes decisions and imposes them on the family without considering their opinions or feelings. Problems go ignored and never get solved; they only build up. The inability of a husband and wife to talk about difficulties makes the couple drift apart. And if he expresses his anger with violence, then there is no room for disagreement, much less discussion.

Our cultural values, social norms and psychological make-up all work together to make some men abusers and some women victims of abuse. There is no sure way to avoid it, nor any quick cure for it. With more men and women becoming aware of domestic violence and more research done into its causes, perhaps we can spare future generations the pain of abusive relationships.

Patterns in Abusive Relationships: The Cycle of Violence

For some couples there seems to be a pattern to the violence in their home. A period of bliss, where everything appears to be going smoothly, is followed by a build-up of tension and another battering incident. Not all couples follow this pattern or follow it in the order presented here. This cycle was documented by Lenore E. Walker, and is discussed in her book, *The Battered Woman.* * It is a pattern that she observed in many couples. Because the woman in the couple cannot stop the cycle, it makes

---

* Lenore E. Walker, *The Battered Woman,* New York: Harper & Row, 1979, pp.55-77.

her feel more and more helpless with each repetition. Sometimes this is another reason why she does not leave the relationship. As a battered woman you might recognize this cycle.

The First Phase This is where tensions build up. In this phase there are so-called minor incidents that you may try to ignore. He pushes or shoves a little, has tantrums. You might try everything to calm him, from agreeing with him that it is all your fault to staying out of his way. You may deny your own feelings of anger and hurt so that things won't get worse. You may make excuses for his behavior and blame yourself for making him angry. He is very jealous, possessive, and verbally abusive. The psychological torture you endure may become unbearable.

The Second Phase This is where the severe battering may take place. It can last from a few hours to a few days. He appears to be out of control and does not stop until he feels emotionally drained or exhausted, or feels he has punished you enough. You might feel that you provoked the beating. Extreme nervousness, depression, head or stomach aches are often felt in anticipation of the explosion. The police are often called during this phase.

The Third Phase This is commonly called the honeymoon stage. He may beg your forgiveness, say he will never do it again, promise you the moon and the stars. For some women it is the beginning of hope that the abuse will never happen again. They try to forget the psychological and physical torture and become the obedient, agreeable, sweet wife he always wanted. Other women use this time of reconciliation to leave the relationship. The shock and denial that many times follow the beating have worn off and they know all too well what follows: phase one again.

Couples vary as to how long each phase lasts. For some it is years between each. If you see yourself anywhere in this cycle, you need outside help to get you both out of it. You may feel that there is nothing you can do anymore, that you are not capable of stopping the abuse. You must realize that anyone who is hurt the way you are can lose the will and the physical strength it takes to say NO to the abuse. Your hope that he will change may end, but your situation is *not* hopeless. New hope for a better life outside of your relationship can give you renewed energy and motivation for change. Read on for information on how to get free of an abusive relationship and live your life without violence.

Chapter 3

Making A Decision To Leave Or To Stay

Why Do You Stay?

There may be many reasons why you stay with an abusive partner. Perhaps you feel that it is not right for a woman to live alone or maybe you always expected to live with the man you married. Leaving a husband is sometimes seen as an admission of a woman's failure as a wife and mother. These reasons and others make women tolerate male violence and make it difficult to break away. Here are some other reasons why you may stay:

- You may not know of places to go for help where he will not find you.
- You may be afraid that he will beat you more or even kill you if you leave.
- You may not have any money or job skills to start out on your own.
- You may not think people will believe that he beats you because he is so nice to everyone else.
- You have always been a mother and wife. If you leave your husband, then who are you?
- You believe marriage is forever. You care about him and feel love for him.
- You may be ashamed to let anyone know that your husband treats you this way and feel a sense of loyalty to your husband.
- Divorce may be against your religion.
- Your children need a father.
- You may believe no one else would ever want you or love you.

Family Expectations

The family is the mainstay of Latino culture. Love, warmth, education, guidance and happiness are what many of us have had. The family is a refuge from the problems and stress of school and work. No matter how humble or poor, the family is a fortifying and inspiring force for most Latinos, but not for all. There are families where alcoholism, drug addiction, or violence make it impossible for the family to function in a loving, supportive way.

Ten or twenty years ago a woman would never have dreamed of breaking up the family for her own happiness or even for her own safety. She would wait and put up with the abuse and neglect until her husband died, hopefully before she was too old. The abused woman didn't want people to know about the problems in her home, so she kept quiet. If she did leave her husband it was something shameful and people talked about her.

Today things have changed. A woman can leave a bad relationship and not be blamed for breaking up a family but instead be congratulated for having the strength to start a better life for herself and her children. Starting over is never an easy undertaking, but many women who have gone through it will say that it is worth it.

The family and the children, as well as church doctrine, can force upon Latinas the ideal of family unity, often making it hard to leave. This ideal sometimes puts such pressure on you to make things work out with your husband that you may feel confused about what to do. On the one hand, you know you can't live with an abusive partner any longer, yet on the other hand you want to keep your family intact and spare them the pain of a separation.

It is possible that your other family members don't really know what is going on between you and your partner. You may feel embarrassed to admit that you have stayed with a man who treats you badly and beats you. You may not want to scare your family into thinking that the situation at home is more serious than it is and have them do something drastic when you don't feel quite ready for that. You don't want them to hate your husband, especially if you are still trying to make the relationship somehow work out. And if he is loved and accepted by your family, you might fear that they won't believe you.

If you haven't told your family, if you've been pretending that nothing is wrong, you may be depriving yourself of much-needed support and understanding. Pretending nothing is wrong only helps to prolong the violent situation. You cannot separate from, arrest, or divorce your abuser without your family finding out that something is wrong. Pretending nothing is wrong also gives the abuser silent permission to continue his behavior. Although some families will blame the woman and not offer her support, most families want to help do what is best.

If a family who is aware of the problem blames the woman, it can be because of the many myths and false ideas they may have accepted about domestic violence. They may simply urge her to stop it, to try harder, cook better, not go out, or get a job. These excuses are used to simplify the problem and remove the blame from the abusive man. If your family sees you as responsible for the abuse, they need to know some facts about domestic violence. (Some good information to pass on to them is in Chapter 2, under "Myths and Realities.")

Some women who tell their mothers about being beaten are not given much support. This may be because their own fathers beat their mothers. If a mother feels that it's the duty of every woman to stay by her husband no matter what, if she herself hasn't gone for help, she may tell her daughter to do the same thing: "Aguantaté, porque yo me aguanté." — "Stick it out because I did." This attitude can be very discouraging, and what you may go through should you decide to leave your husband may not seem worth it to your family. But think about it. What good has it ever done a woman to tolerate her husband's violent behavior? If it's for the kids, for the family, for appearances, then she leads an isolated, painful life in a bitter, unhappy marriage. If you stay to please someone else remember that it's *you* who will suffer most of all from the abuse.

What About Our Children?

Many women stay with an abusive partner because of the children. You may feel that the children should grow up with a father, that your kids will hate you for separating them from their father, especially if he is good to them. If your partner gives you money for their clothes and food you may feel that it's unfair to deprive the kids of that financial security. You may not want to pull them out of school and disrupt their classes in order to move away from the abuser. Because you are not sure how you will live or where, you may want to postpone seeking safety until the children are older and can handle a separation better. You may feel that it just doesn't look right for a mother to rear her kids by herself, that she will only make mistakes with them.

It is more likely that your children will be harmed by living in a violent home than by growing up without their father, moving from place to place for a while, or having you work and be away from home some of the time. Many parents would like to think that the children are not affected by family violence because they are either too young to understand what is going on or they do not actually see the beatings. THIS IS NOT TRUE. Family violence has a profound effect on children. A violent home life can be extremely damaging to children. The psychological scars that children get from living in this kind of home are a form of child abuse. Many children suffer in one or more of the following ways as a result of violence in the home:

- They may become extremely withdrawn and quiet
- They may be slow learners in school
- The may feel they deserve to be victimized
- They may be unable to concentrate
- They may have severe learning handicaps
- They may be violent with other children including brothers and sisters
- They may be headstrong and uncontrollable

When these children become adults the effects can be even more alarming. Studies show that many men who beat their wives were either beaten as children or saw their mothers beaten.* Our home is our first school. If violence is the way that conflict is resolved at home, then we learn to use it when we have problems or are angry. Your children may imitate your behavior and that of your partner when they are older.

Also, because they learn to tolerate violence in the home, children may learn to tolerate violence outside the home as well. They may even become violent themselves, taking out on those around them their frustration over what is happening at home. What this all means is that it is very likely for your male children to become batterers and for your female children to become bat-

---

* M. A. Straus, R. Gelles, S. Steinmetz, *Behind Closed Doors: Violence in the American Family,* Anchor Press, 1980, page 100.

tered women if they stay in a family situation where violence occurs and they do not receive counseling once they leave.

If they don't grow up to be batterers or victims, there may be other effects from the violence. Because they saw and heard you lie or keep silent to avoid "making your husband angry," they too may lie to avoid conflict. They may have great difficulties expressing anger constructively, fulfilling their needs and being assertive. They may also carry around a lot of unnecessary guilt because they feel they caused the conflicts and fights, or that they are at fault for not stopping the violence and protecting you. Also, they may have difficulty feeling at ease. Even if your partner is not abusing you, they know that he is unpredictable and explodes without notice. This creates a tension that is always present. Therefore, the children are fearful and preoccupied at home and at school. Even though you are the one who is being beaten, they may learn to hate you because they want you to stop it but see you as powerless. They are tired of seeing you beaten and crying and want you to do something.

Many children, besides experiencing psychological abuse, experience actual physical abuse. Many times, because the child may intervene and try to stop the fighting between the parents, he or she gets hurt unintentionally. Sometimes the physical abuse is deliberately inflicted by one or both of the parents. This can happen out of anger and frustration or out of not being able to cope with the pressures and demands of daily living. Many times it is done because the parents saw problems handled in a physical manner in their own homes with the child as a target, whether the child did something wrong or not.

If you or your partner are beating the children, get help immediately. Your child's life is at stake and needs protection. You can call a child abuse hotline to find out about what help is available and what steps you can take to stop the violence. These hotlines are answered by trained counselors who understand your dilemma and want to help you both.

Another kind of abuse that children may suffer is sexual abuse. Throughout history, children and women have been the main victims of this abuse. Sometimes it is the natural father and sometimes it is a stepfather, brother or stepbrother. Sexual abusers of children generally have poor sexual relationships with their partners and poor relationships with people in general. They have very poor perceptions of how their acts affect their children.*

Sexual abuse is a horrifying experience. Its effects are far-reaching and damaging. Just because the victims may be young does not mean that it will not affect them later in life; in fact, most of the time it does. Some of the signs that indicate sexual abuse are:

- The child shows an early and exaggerated awareness of sex
- There is tearing, bruising or specific inflammation of the mouth, anus or genitals, or evidence of semen
- There is venereal disease of the eyes, mouth, anus or genitals
- A girl is pregnant and appears extremely fearful, distressed or secretive

If your child tells you about a sexual abuse, you may find it difficult to believe at first. But children do not fantasize sexual relations or make them up. If your child is telling you it is because she or he saw it happen or someone actually abused her or him. Believe your child. Don't underestimate what an abusive man is capable of doing. If you think your children have or may have been sexually abused, do something IMMEDIATELY. You can call a rape crisis hotline or a child abuse hotline for help and information about what to do. It's important that you do something to help your child. *Remember, the longer you wait, the more damage your children suffer.*

What Will the Church Say?

Leaving a violent relationship brings up many issues. You will probably consider how your family and children will feel, how your friends will react. You might begin to question what kind of a person you are. Does splitting up the family mean you are a bad person, an inadequate mother, a selfish woman? Are you dishonoring your marriage vows? Can you separate from your husband and still be a good Christian? You may even feel guilty for not having any doubts about leaving.

Many women look to their faith for strength and guidance. If you are religious, your beliefs may help make you feel strong at

---

* Christine Comstock Herbruck, *Breaking the Cycle of Child Abuse,* Winston Press, 1979, page 29.

such a critical point in your life. Faith can reinforce a belief in yourself and reinstill hope for a better life outside the abusive relationship — at a time when you had completely given up. Attending religious services can keep you in contact with people outside your home who may be able to give you some concrete assistance, as well as spiritual and emotional support. You may find, at your church, temple or synagogue, that there are services you didn't know existed. Getting to know your priest, minister, or rabbi, and seeking their counseling and advice can open doors to a new life that you didn't think was possible.

Sometimes faith keeps women from doing what they think is best for themselves and for their children. Some battered women think that God wants them to live that way, that their abuser is their cross to bear, that they deserve that kind of life as punishment for something they did. The Church itself may disapprove of divorce or separation by emphasizing the importance of family togetherness, the virtues of self-sacrifice and suffering, the holiness of martyrdom. In the Catholic religion when you are married by the Church you are not to divorce, so it is possible to think that you cannot separate from a violent husband without receiving the disapproval of God. Many priests and ministers are not aware of the seriousness of the problem and may tell you to go home and try harder to be a better wife and mother. Most of the time this kind of guidance is not helpful because it ignores the abusive husband completely and does nothing to help stop the violence.

It is important to believe that God does not want us to lead a bitter and angry life. Violence in the home destroys the ability of the family to function lovingly, as God intended. Living with an abusive partner cripples the ability to give and receive love. An abusive relationship does not allow the marriage vows to flourish, does not allow the couple to honor each other, does not allow parents to give love and understanding to their children. A violent marriage is disharmonious. The whole family cannot work together, respect each other, or look out for each other's needs. Good relationships between family members are many times impossible and the ability to have good relationships with others outside the family is severely impaired.

Domestic violence ends up affecting everyone, not just you as the abused woman. Violence against any person, family member or not, is the complete opposite of what religions teach:

love and respect for humankind. Leaving an abusive partner, divorcing a husband, separating from the father of your children, may in fact be the best way to honor God's Word. Remember, God does not intend for anyone to suffer, but for us all to love and respect each other and ourselves. The abusive relationship denies the existence of the person who is being hurt, it lowers the dignity of the person who does the beating, and it minimizes respect for human life in general.

Many church leaders believe in women's rights, but change is slow. If your priest, minister, or rabbi blames you for the violence, remember that although these leaders are servants of God, they are human and capable of error.

Making a Decision to Stop the Abuse

Perhaps you've been told, maybe a million times, that you're no good, stupid, a failure. Perhaps by now you believe it. DON'T. That way of thinking will only do you harm; it will only keep you from taking action to stop the abuse. You can make a better life for yourself and your children. You deserve a life without violence and it can be a reality.

No one can tell you if you should leave or if you should stay in your relationship. This will have to be your own choice. You should know that you will not be able to please yourself and all of the people around you. There will always be someone who disapproves of your choice. With this in mind, whatever you decide, let it be what you feel is best for you. There are advantages and disadvantages to both sides and only you know what you can live with. Here are some disadvantages to leaving for you to think about:

- You might have to ask someone you trust to put you up for a while.
- You might have to look for a place to live that you can afford on your own income.
- You may not have any secure income.
- You may have to find a job or apply for welfare.
- You may have to take your kids out of their regular school.
- You may not be able to have some of the things you had at home, like your color TV, your dishes or your clothes.
- You may worry about whether your husband or boyfriend will harass you or bother your family.

- You may have to look into legal procedures to prevent your husband from taking your children.
- You may have to keep your whereabouts secret for a while.
- You will have to explain to your family and friends why you no longer live with your partner.

These are challenges that you may face in leaving an abusive relationship. They are short-term, transitional problems. Most have to do with working out your living arrangements and expenses. Here are some advantages to leaving:

- Your health and life will no longer be threatened by a person you know intimately.
- Your children will no longer witness beatings in their own home.
- New relationships with friends and the family will be possible.
- You can gain confidence and self-respect to make good things happen for you.
- You can be in a position to make decisions and rebuild your life.
- You will regain the hope that you can live a happier life.
- You will no longer be anxious and nervous about what kind of mood your abuser will be in.
- You can go places without having to ask permission.
- You can have friends over to your house.
- You will gain respect from your kids, your family and the people around you and learn to select as friends those who will respect you.

Stopping the abuse will be one of the hardest and biggest challenges of your life. The options and solutions mentioned here are based on what battered women have found successful and realistic for their situations. Ways out of an abusive relationship are as many and varied as the women involved. There is no easy, painless, quick way. Moreover, you will not always be one hundred percent sure of what you're doing. There will be times when you'll wish you hadn't thought about leaving at all, and times when you'll doubt whether you are capable of carrying this out and living without him. This is a natural feeling. Most courageous acts take a little fear to get done.

You may think that you're not strong enough to overcome the difficulties, but you can find the strength that you need to start a new life. Don't think that because you've put up with his abuse for this long that you are weak. You don't have to hate him to leave him; in fact, you may love him. This kind of love relationship, however, kills the soul and destroys your sense of yourself. Loving and caring about someone doesn't mean that you must sacrifice yourself for him or that your children must live with violence in their own home.

The myth says: If you love him, stick by him, no matter how horrible and cruel he is. Reality says: No one has to live with a man whose idea of love is punching his wife. Violence is not a part of loving someone. Sometimes, if you love him, leaving can be the best thing, not only for you, but for him too. Perhaps then he will take a look at his behavior and get the help he needs.

Chapter 4

Emergency Help: Police & Medical Assistance

If you live with an explosive partner, you may never be sure when he will hit you or how severely. The time may come when you will have to call the police or use a hospital emergency room. If you are afraid that he will hurt you, if you are being beaten, or if you are injured after a beating, you should seek emergency help. The police or a hospital emergency room can give you immediate help. They can make sure you are not seriously injured and they can take care of your wounds. They can see that you get in touch with other services for further help and counseling. The police can temporarily separate you from your abuser so that you don't run the risk of being beaten again. They can talk to him about the wrong he has done and how it can be life threatening. Remember, any attack like this is against the law. If your partner ever hit a stranger he or she would waste no time calling the police. You too are entitled to safety and police protection. It is a right, not a privilege.

Calling the Police

When you call the police tell them you need help. If possible tell them what your partner is doing to you. Let them know if he is armed, on drugs or drunk. Tell them if you are hurt. If you don't speak English and the police officer doesn't speak Spanish, say only what is necessary. You can tell the dispatcher your name and address and say, "I need help." That should be enough to at least get them to your home. If the officer that comes only speaks English and you need some translation, let the officer know that you don't understand. They may be able to get a Spanish-speaking officer to assist you. Many English-speaking husbands take advantage of the fact that their wives don't speak English. They get to say all they want to the police and the women never get to tell what happened in their own words. If at all possible don't use your husband to translate for you. You can have a neighbor or maybe one of your older children help you.

When the police arrive they will want to talk to you and your partner. Don't be afraid, you have done nothing wrong. They will do this before they take any action. There are several things the police may do once they have been informed about what happened, and you should know what they are. Just because you called doesn't mean they will necessarily arrest him. In fact, much of the time they do not. Some police officers are educated about the problem of domestic violence and will be willing to help you. Others, believing the myths about battering, will not be as understanding. Not all will have the same response. Here's what the police might do:

- They can arrest your partner.
- They can talk to you both and "cool him down."
- They may suggest that you leave and may help you find a place to stay.
- They may not show much interest and leave after seeing you are all right.
- They may seem angry with you and scold you for "making" him hit you.

What can also happen is that the police will not treat you as they would other domestic calls because you are not American, of Anglo origin, or because you don't speak good English. They may not listen to you or do anything to help you because they feel that you don't belong in this country or that you are not worth helping. There are officers who believe that Latinas are over-sexed, lazy, dumb, passive women and that Latinos are by nature hot-tempered, violent and have a right to do what they want to their wives. Sometimes even Latino officers do not help because they sympathize with and don't want to arrest a fellow Latino. This is not fair or right, but it does happen. In this case you will have to assert yourself. That means being firm, knowing your rights and insisting that the police do something. Don't let them bully you, talk down to you or blame you for what your partner has done. It is very important for them to take you seriously at this crucial moment, so don't back down. Try to speak calmly and clearly and let them know how scared and threatened you feel. The more often the police go to your house, the less likely they are to take you as seriously as the first time.

If you do not have papers to be in the U.S. legally, you will need to talk to a legal counselor when considering any contact with the law enforcement system. See Chapter 8 for information on this.

Arresting Your Partner

Having your husband or boyfriend arrested is not an easy thing to do. You may feel bad about the public display with the police in your home; it may be embarrassing for the whole family to have this happen. Moreover, you may feel guilty and sorry for your husband. Perhaps you have let him get away with so much abuse that it now seems out of character to do something as serious as have him arrested. Many men are surprised when such a step is really carried out and their reaction to it is sometimes strong enough to stop the abuse. No one can guarantee his reaction, but it's important to remember that police intervention is an option for you. Sometimes having the police arrest him is the only way to not get hurt or killed.

An interesting study done with the police department of Minneapolis, Minnesota, compared ways of handling an abusive man. Their goal was to find the way to decrease the chance of his beating his partner again. They compared just talking to the couple after the beating, separating the couple after the beating, and arresting the batterer immediately after and holding him for at least twenty-four hours. They found that when they arrested him, he was less likely to be violent again.* It is possible that having the abuser arrested shows him that what he has done is wrong and that no one is going to put up with his violence — not you and not the police.

---

* This study was conducted through the Police Foundation of Minneapolis, Minnesota, by Lawrence Sherman and Richard Berk with funding from the National Institute of Justice.

How to Have Him Arrested

Once you have called the police and they are at your home or wherever the beating took place, it is possible for your abuser to be arrested. His arrest depends on several factors, so don't expect the police to arrest him as soon as they arrive. Laws regarding arrest in domestic violence cases vary considerably. In some states they have what is called a mandatory arrest law. With a mandatory arrest law the police MUST arrest your husband if they have reason to believe he has assaulted you. To find out if your state has this law call a battered women's shelter, the local police department, legal aid or your county courthouse.* This law is considered a positive step in helping battered women and stopping the violence against them.

In most states, your husband or boyfriend can be arrested if:
- The police actually see him beat you.
- They arrive after the beating and it appears to them that a crime took place — for instance, if you are visibly hurt or if he used a deadly weapon like a gun or knife.
- You have an order of protection and the police see him violate it. (For information on protection orders, see Chapter 6.)

It is unlikely they will arrest him if:
- They did not see him assault you and you are not visibly hurt. In this case they may feel that there is no evidence to prove that you were assaulted.

Some police officers are more cooperative than others. Many resist making an arrest in a domestic dispute. They know that the batterer may only be kept in jail for a few hours and don't feel it's worth the trouble. Some police believe that a man hitting his wife is a family problem and they don't want to interfere. It is not unusual for policemen themselves to be batterers and have this same problem at home. They may not take you seriously because you are not Anglo or because you have called them repeatedly. Also, many women decide not to press charges after there has been an arrest. Women sometimes feel bad after having their

---

* The most recent list of states with a mandatory arrest law includes Delaware, Maine, Minnesota, North Carolina, Oregon, Utah, and Washington. (From the Center for Women Policy Studies, 2000 P Street, N.W., Suite 508, Washington, D.C. 20036.)

boyfriends or husbands arrested and may also feel afraid of what they might do when they get out of jail. This is another reason why the police may not come to your rescue and take the batterer away as soon as they arrive — they think that you will not follow through with pressing charges. Whatever the attitude of the police may be, having him arrested for beating you is YOUR RIGHT.

To increase the likelihood of your attacker being arrested you can:

- Give the police as calm and detailed an account of the attack as you possibly can. Try to let them know just how serious it was. Include the name of anyone who saw the assault.
- Tell the police how threatened you felt. You can say something like, "I thought he was going to kill me," or "Last time he hit me I had to go to the hospital."
- Tell them about any other recent violent attacks.
- Show the police where he hit you, show them your bruises, cuts or scrapes. Show them any torn clothing or broken objects.
- Show them any legal documents you have to keep the batterer away, such as a restraining order or no contact order.

It is always a good idea to write down the names and badge numbers of the officers who answered your call. If you believe that the batterer should be arrested and the officers refuse to arrest him, you can call the police station and ask to speak to the officers' supervisor. You can then tell the supervisor who the officers are and follow up with a complaint against them for not arresting the batterer.

Whether the police arrest him or not, they should take a report. The report should record everything that happened, whether you were hurt or your property was damaged. It should also note if any witnesses were present. A report will be useful if you want to get a legal order to keep him away, a divorce, or if you ever decide to press charges against your husband. (Chapter 6 has detailed information on these legal options.) Before you sign any portion of the police report, have the officer read to you what you are about to sign to make sure you understand it and that the information is correct.

If the police arrive and your husband has left, you should still insist that they take a report. You can also go to the police station and file a report if you didn't call the police when the attack took place. It is a good idea to go as soon as you can; if it's possible go within twenty-four hours. If you wait longer the police might think that it wasn't serious or that you are doing this to "get back at a man." If you are interested in pressing charges, a "fresh report" will be taken much more seriously when the case is brought to trial.

In most states when men are arrested for assault they are kept in jail for only a few hours and are then released. You can call the police station to find out if he has been released or if he is still in jail. If you feel that he will come back to attack you again, you may want to consider going to a friend's or a relative's home or having someone come stay with you. You may decide to call a shelter for battered women to get emergency housing. The next chapter has more information about leaving your home and finding shelter.

Getting Medical Help

If you feel that you need medical help, DON'T HESITATE TO GET IT. If the police are at your home, they can take you to a hospital emergency room. Many times women have broken bones or need stitches and don't get medical assistance because they are embarrassed, afraid, or because they want to deny the seriousness of what has happened. You should see a doctor and have him or her make sure that you are all right.

Don't take the chance of further injury by neglecting your wounds. Most doctors who have helped battered women are amazed by the amount of pain that women can stand without seeing a doctor. You may not think that your injuries are that severe, but a blow to the head can mean a concussion or blood clot, a swollen arm or leg can mean a broken bone, and a black eye can permanently damage your vision. Part of getting free of an abusive partner requires that you gain respect for yourself both mentally and physically, and your physical well-being is crucial to your mental well-being.

Never ignore serious symptoms such as having trouble breathing, or pain or bleeding that doesn't stop. NEVER think that if you don't pay any attention to pain, it will go away by itself. Pain is the body's natural warning that something may be wrong. Seeing a doctor right away can save your life, save your limbs, save you from health complications, and save you money later on. Don't be afraid or too proud to get medical help. There is no substitute for immediate care. The Appendix at the back of this book gives some valuable information on first aid that can help until you do see a doctor.

If you are hurt and don't have a family doctor that you can go to immediately, go to a hospital emergency room. Try to go with a friend. The admitting clerk will ask you some questions. Be truthful and tell this person how you got hurt. Ask to wait for the doctor in a back room if you think your partner will show up at the hospital. If your husband or boyfriend goes with you to the hospital, it may not be possible to tell the admitting person how you got hurt. When you are alone with the doctor or nurse, be sure to tell the truth. It is important for them to know how you were injured and for them to write it down. The hospital won't involve the police unless you want them to. This hospital record may be useful later to prove how serious the violence is, should you ever want to prosecute.

Many hospitals have bilingual staff in their emergency rooms, but not all. Sometimes if the hospital does not have bilingual staff in their emergency room, they may get a hospital worker from another area in the hospital to translate for you.

Although doctors and nurses work in a professional capacity, they may still believe all those myths about battered women that blame the woman for the violence. They may not be sympathetic to your situation and not be especially sensitive to your emotional state. Moreover, hospital workers, including doctors, may not respect Latinos. They may treat you in an impolite, arrogant, rude manner, especially if it is an all-Anglo hospital. They may not take you seriously, they may think you are lying, or that you are stupid because you don't speak English or you speak it with an accent. There is no excuse for this kind of behavior. You will have to rise above it by being firm, by not being afraid to ask questions and not allowing the hospital staff to dismiss you as "just-another-wetback-who-got-beaten-up."

Once the doctor has seen you it is a good idea to write down the names of the nurses and doctors who treated you. This will also help the documentation of your visit. When you are ready to leave, ask to leave by a back door if you think your husband or boyfriend is waiting for you outside. If you are afraid to return home and do not have a safe place to stay, this may be the time to go to a shelter of some kind. If the hospital has been responsive and sensitive to your needs, they may be able to find you emergency shelter. If they cannot, you will probably need other options for shelter. (See Chapter 5.)

If you don't have either private insurance, health insurance paid by the government, or money to pay for your visit, the hospital may choose to send you to another hospital in your city where people who cannot pay are helped (if one exists in your area). This is generally done only with non-emergency cases.

One thing you can do, if you have no money or insurance, is to have the hospital bills sent to your husband. After all, he is responsible for your being there in the first place. In one case, a woman was beaten by her husband who owned three businesses and was very wealthy. Like many abusive husbands, he never gave her any money and she did not know if she was covered by any medical insurance. For weeks she walked around in severe pain from a dislocated wrist after he had yanked her to the ground. She couldn't afford a doctor and was embarrassed to go to a clinic or low-cost hospital. She finally decided to go to a doctor and have the medical bills sent to her husband. She received the medical attention she desperately needed and the husband, surprisingly enough, paid the medical bills to avoid ruining his good credit.

Chapter 5

Leaving Your Home, Finding Shelter

It's two in the morning and you're in bed. Your husband comes home after some heavy drinking. You pretend you're asleep so that he won't bother you. You can hear him mumbling loudly. He starts insulting you, trips over a pair of shoes left on the bedroom floor and loses his balance. He starts hitting you with the shoes, his fists and anything else in his way. He pulls you off the bed by your hair and starts to kick you. You struggle to get up and run out of the bedroom to the kids' room. They are frightened, crying and screaming. Luckily, your husband collapses on the bed and passes out. He's done this before and you know that he'll probably wake up a few hours later and continue where he left off. This time you're going to get away before he wakes up. But where do you go? Who can you call? Who will want to help you in the middle of the night, with your kids, no money and a possible broken nose?

For a lot of women this incident is one of many. Their lives go on as before, with the insults and the brutality. They don't have anyone to help them and don't know what to do. There are other women who make this the last beating they will take. They use available resources to start a new life away from the violence at home. Some do it on the spur of the moment, others carefully plan when and how.

Battered women who leave their home frequently stay at the house of a friend, a neighbor, or a relative for a few days or months. There they hope to get comfort, support and distance from their partner. Some choose to contact a battered women's organization in their city for help with shelter and counseling.

Sometimes a woman's decision to move is a permanent one, but it is common for women to go back to their husbands several times before making a permanent move. The reasons for going back are many. Sometimes it is because he has promised to stop hitting or because he has gotten counseling; often it's because there is nowhere to go and no means of economic support.

Advantages and Disadvantages

Leaving your home is something that can work out for the better if you feel ready and take the time to plan it. Just because your girlfriend or mother thinks you should leave is not a good enough reason. If you don't feel ready to leave but are realizing that you have to do something, you can call a battered women's hotline and start talking with a counselor. If you want to leave and are looking for a place to stay, you have several options.

- You can stay with a friend or relative who is willing to let you live with her until you find a place of your own.
- You can contact a battered women's shelter and stay there.
- You can get a court order to remove your husband from the house. (See Chapter 5 under "Orders of Protection.")
- If you have the money, you can stay in a motel until you find a place to live.
- You can find another woman who cannot afford to live alone and share expenses with her.

Your options depend on the people around you who are supportive, how much money you have, and how ready you are to live away from the abuser. Being ready to live away from him usually takes time because of your emotional investment in the relationship and the psychological damage you've suffered from living with someone who is abusive.

How do you know if you are ready? There isn't any sure way, but if you can't take another beating, if you think you will kill him next time, if you are tired of being afraid, if you are concerned about your children's safety, you are on the way to doing something to stop the abuse. One way of exploring how ready you are is to weigh the advantages and disadvantages of leaving. A list in Chapter 3 mentions some. Try making a list of your own. Write down on one side of a piece of paper all the good things about staying and on the other side all the bad things. This can help you see what you feel is important about staying and leaving. Planning a little ahead can minimize the difficulties of leaving. You don't have to be prepared for all of them. A good friend or a supportive family can help begin your new life.

If you decide to leave and don't have someone close to help you, or if her help is limited, you should get help from a battered women's shelter or safe home. Counselors and shelter workers are familiar with the kinds of problems you are going through and have the ability to make the transition from your husband's house to your own place easier. You may not want to talk in detail to your family and friends about the beatings or sexual abuse and you might feel more comfortable explaining your situation to a counselor. Talking with someone who understands and who is not going to judge you is important to the process of healing the wounds — emotional and physical — and taking the blame off your shoulders. The support and friendships that develop from a shelter experience can be invaluable.

Battered Women's Shelters

Most battered women's shelters have 24-hour phone lines answered by trained counselors; they also provide temporary housing for women who are beaten by their husbands or boyfriends. Women call shelters at all stages of their crises. Frequently women call for support and counseling when they first have problems with their partners. But sometimes women call for emergency help: They must leave their homes because they are in danger and they don't have money or anywhere to go. This is when they use a shelter.

Shelters are not for everybody. They are a safe haven for many women, but they shouldn't be used as a simple retreat or to merely scare a partner over the weekend.

A shelter can help you if you:
- want counseling and support from trained staff members and other women
- need a safe place to stay
- want time to analyze and find solutions to your problems
- need assistance in disciplining and coping with your children
- need legal, medical, and housing referrals

A shelter may not be for you if you:
- want a place to be by yourself
- want your own room and bathroom
- don't want to share cooking and cleaning
- don't want counseling
- want lots of peace and quiet

What to Expect at a Shelter

Shelters are usually homes that have been converted to accommodate several women and their children. The number of women staying at the shelter at any given time varies. At most shelters you can stay from one week to a month, depending on their policies. Because the majority of shelters are short on space, you may have to share your bedroom and the house bathrooms.

Cooking is usually done in a common kitchen that everyone uses. Some shelters buy all the food and have the women share and take turns cooking, others allow the women to buy their own food and cook just for themselves. All the women clean up after they use the kitchen; they are also responsible for any mess they or their kids make.

The shelter may have either daily or weekly house meetings — with all the residents attending — to help with transportation or other problems, to make appointments and offer referrals to other agencies. The shelter staff also meets with each woman regularly to discuss her plans and help her accomplish them. The counseling staff does not tell you what to do or make decisions for you. They give the support that you need to make changes in your life. They can help you explore your options, find out how you are feeling, and help you cope with those feelings. Their goal is for you to find the strength within yourself that will enable you to make the best choices for your situation. The shelter is there to give you safety, give you time, give you support. It is a haven from the violence in your home.

Once in the shelter you can come and go as you please; it is not a detention center. It is possible to accomplish many of your goals while you are at the shelter, such as getting legal advice, seeing a doctor, or finding your own place to live.

Alcohol and non-prescription drugs are not allowed at shelters. Let the counselors know if you have a drug or alcohol dependency. They can then put you in touch with centers that give counseling and have programs to help you overcome your dependency on these substances.

The location of the shelter must be kept confidential for the protection of all women and counselors. That means you should *never* tell anyone its address. No one wants an angry, violent husband to show up at the door. This is a very serious matter and even after you've left you must honor this rule for all the women who will need shelter after you.

If your city is large there may be a shelter run by and for Latinas. However, these are scarce. Some shelters include counselors who speak Spanish on their staff. Unfortunately, there are shelters that have not progressed enough to accommodate the needs of women of non-American backgrounds. They may not take you if you don't speak English. It is not your fault that their shelter is limited to English-speaking women. Perhaps this simplifies their work, but at the same time it limits tremendously who they can help. It is possible that they will allow you to come if one of your children can translate for you.

Most shelters are for women of all colors. You will find Black women, Asian women, Latinas and white women all together. Since many women are not used to living intimately with such a mixed group, this can cause problems. Sometimes people tend to take the outside world — the societal situation — into the shelter. For instance, if there are problems between Mexicans and Blacks in your neighborhood, you may look at the Black women in the shelter with a prejudiced eye and not give them the chance to get to know you better and become friends.

It is important that everyone staying at a shelter make an effort to get along. Think of those things that you have in common with the other women, and don't dwell on your differences. It is very easy to feel superior by putting someone else down. This only succeeds in dividing a group at a time when it needs to be together, and only pits women against each other when they need to come together to fight a common problem — male violence.

No Room in Shelters

Battered women's shelters usually operate on very small budgets. This means that they don't have a lot of beds and the facilities are usually full. Vacancies appear every few days and generally are not easy to come by. It is possible that on the day you have to go to a shelter, that shelter will be full. Here are some things you can do to avoid this situation and increase your chances of finding room.

- Choose a week to go to a shelter instead of a specific day, if possible. Call the shelter every morning of that week. You can pack clothes days in advance and have them ready to go.
- If you must leave your home immediately and the shelter can't take you, call other shelters like those run by the Salvation Army, the YWCA, or a church. These shelters provide temporary housing to men, women and children who have nowhere else to go, and you can stay there for a day or two, until the battered women's shelter has room for you.
- Ask the shelter that is full to give you the phone numbers of other shelters in nearby cities. For some women this works out very well because their husbands are less likely to look for them outside the immediate city and the women feel safer farther away. Some shelters will call for you and make the necessary arrangements. Staying at a shelter outside your city or state means you'll need money for transportation, unless the shelter can help out.
- Consider getting an order of protection with a "kick-out order" against your partner, if this option is available in your state. With a kick-out order you can stay where you are living and he will have to leave by court order. (See Chapter 6 for details on orders of protection.)

Safe Homes

In some areas you will find what are called "safe homes" instead of shelters. A safe home is a private residence of a woman and her family who have volunteered their home as a safe place for a battered woman. There you can live for a short time. Stays vary and depend mostly on how well you and the family get along. There is usually a careful screening and interview process done by the sponsoring agency to match the woman needing shelter with the family. A way to find a safe home network is through a church, or women's center. These organizations are concerned about battered women but may not have the money to establish a shelter.

Safe homes can be a very good thing for someone who needs a safe place and prefers an intimate family setting. There are some limitations to safe homes that you should know about.

- You may have to go to the sponsoring agency for counseling and other help instead of receiving it where you are staying. The person offering the safe home is not always trained to do counseling.
- You may have to wait a few days or weeks for placement. The sponsoring agency may not be able to arrange housing immediately.
- It may be your responsibility to get around. The safe home may not have a car available to take you where you need to go for counseling, to apply for welfare, to go to your lawyer or doctor. They may not have any money to give you for public transportation.
- The family may be out all day. You won't have any support during the day when you might need encouragement to get out and look for an apartment or job.
- It's possible to stay at this house most of the time and become isolated. A shelter's structured setting and number of residents assures that there is a counselor available all day and that there's always someone to talk to.

Unfortunately, you won't always have the choice of staying at a shelter or staying at a safe home, especially if you only speak Spanish. In my experience the safe home arrangement worked best for white women. The sponsoring organization did not work at getting Spanish-speaking women to volunteer, and consequently there were no Latino homes involved in the safe home program. Women who only spoke Spanish were not considered as possible residents in the homes because of the language barrier.

Getting Latinas to offer their homes to battered women they don't know is not an easy undertaking, for several reasons. First, our culture doesn't always look favorably at letting strangers into our home. We might reserve that for people of "confianza." Second, we often don't have the extra room to accommodate another person or may only have the money to feed our family. Third, the number of Latinos who are informed about domestic violence and who can offer help is limited.

A safe home network in the Latino community could be a very good way for us to help each other. In this way a battered Latina could stay with people who understand her and can make her feel most comfortable.

Leaving Home: One Woman's Story

You may find that your home situation is so violent that getting to a shelter will be like the escape of a prisoner from jail. You may not have time or the opportunity to get a protection order, or counseling, much less a divorce. In this case, every step of your escape is critical, and planning it can be very advantageous. Here is an example of a woman who did it.

Irene married her husband when she was four months pregnant. Her husband was in jail most of the time until their daughter Angelita was born. When he was released from prison he prohibited Irene from seeing her family or friends. He told her she had to stay inside the house when he went to work and that she was never to go out. He checked on her throughout the day and his friends constantly watched the house. Irene was terrified to leave the house for fear his friends would see her and get her into trouble. She did not have a phone, a TV, or a radio. Her sisters would come by to see her and Angelita, but her husband wouldn't allow her to let them in, whether he was home or not. He did all the shopping so Irene couldn't even go to the store. His beatings were occasional, but he had an explosive temper and yelled at Irene all the time. Then he started beating the baby when she was only two months old. He would slap Angelita, spank her and cover her mouth to keep her from crying. He stuck her with pins when she slept and then beat her when she cried.

Irene was desperate and trapped. She started spraying her husband's food with roach insecticide, hoping he would become poisoned and die. That did not work. Finally Irene wrote a letter to her family asking them to rescue her, to do whatever was necessary to save her and Angelita. She took a big chance going out of the apartment to mail it — the bravest thing she ever did, she now says. Her sister began calling a battered women's shelter in the next state. When they had a vacancy, Irene's family drove to her apartment without any warning. Her sister knocked on the door and said, "Come on, this is it." Irene only took what she and

Angelita were wearing, got into the car and drove to another location where they rented a car. They drove that car out of the state to a meeting place where they met a shelter worker. Irene stayed at the shelter for a few months until she saved enough money from her welfare checks to move into an apartment with another woman from the same shelter. The shelter was very impressed with her determination and allowed her to stay beyond the usual thirty days. She still lives in that state and may never be able or want to return to where she used to live, but she is safe and her baby is blossoming with the love of her mother.

This escape was carefully planned and successful. If your situation is as desperate or even similar, your escape will most likely have to be as abrupt.

How to Leave Your Home Safely

• If you plan to stay at a shelter, try to call in advance to make arrangements. Shelters are full most of the time and not all shelters accept women in the middle of the night or on weekends. It's possible that you cannot go whenever you want.

• Pack what you want to take with you a little at a time. In this way your partner won't become suspicious and the day of your escape all you have to do is grab the bag of clothes and leave. Take enough clothes for a week or two but no more. You can put your clothes in plastic trash bags if you don't have suitcases.

• Take your social security card and those of the kids if they have them, all the birth certificates, immigration cards or green cards, bank books, medical insurance papers, marriage license— basically, all the important papers. You might want to keep them together so when it's time to leave you can grab the whole pile. If your partner has some of these papers, take whatever you can.

• When you should leave is also very important. When your partner is in a good mood and doesn't suspect that you'll leave him is, of course, the best time. Husbands who suspect that their wives will leave them will do spiteful things to make it more difficult, if not impossible, for the woman to leave. They are known to take the green cards away, or to even quit working and be at home all the time.

• It is neither fair nor right for you to have to leave furniture or appliances behind, but it is a small price to pay to escape a life of torment. This makes a lot of women very angry. Refusing to leave material things behind has kept some women from ever leaving. *Remember that material things are replaceable. YOU ARE NOT.* It is better to leave with some hope, dignity and sanity than to keep your color television set and stereo. After you leave, if you want to return to pick up the rest of your belongings that you left behind, you can call the police for an escort. They can go with you and wait for you to quickly pack your things.

• If you need the car, consider taking it. You'll need it much more than he will, especially if you have small children. If you can get the ownership papers or pink slip, take that with you too. The ownership papers are necessary should you want to sell the car. In a state with community property laws, a woman has equal right to all the property acquired after marriage whether or not it is in her name and whether or not she helped pay for it.

• Take all the cash at home. If you have a joint bank account, withdraw all the money the day you leave. You may need it more than he will and you're entitled to it. If he has the bank book you may still be able to close the account or withdraw the money. You can tell the bank that you lost your book or that you just don't have it with you. You can even call them before you withdraw the money to find out what the bank's policy is on joint accounts.

• If he gives you a weekly allowance you can try to save as much as you can from it. Women have been known to save for years just so they'll have enough to leave. It's a long time, but that may be the only way to have enough money to stay away from your home or buy bus tickets.

• Don't tell anyone of your plans unless you can absolutely trust them or unless they are going to take an active role in helping you escape. There is the risk that girlfriends, family and neighbors might tell the abuser, not understanding how serious the situation really is. You cannot afford for him to find out. He may never let you out of his sight again.

The less you plan the escape the more likely it is for things to go wrong. Every woman wants to avoid being in the situation of having nowhere to go, with no money, with hungry, crying babies; in short, in a situation where the only alternative is to go back. This is not to say that women who leave abruptly and without planning don't make it. They do, but the odds are against them and luck must be on their side. Leaving your home safely will help you to get a good start on your life.

After You Have Left

Living away from your abusive partner will take planning beyond the first week, especially if you want your leave to be permanent. Many women abandon their homes and move to another city in order to live without the immediate threat of the abuser. Some women choose to move in order to help the painful memories fade. You may move out of choice or out of necessity. No matter which, moving away is an ordeal for anyone, especially for someone with little money and several children. Looking for an apartment, for example, takes time and money. Many landlords ask for first and last month's rent and a cleaning or security deposit. You may have to stay with a friend or family for a month or so until you are able to find a job or can begin to receive welfare checks. It may take several months to get together the money you need. This can be the worst of it. But remember that the best of it is that you no longer have to live with the beatings, the insults, the mental torture. You might consider living with another woman to share rent and food costs; you might even be able to work out babysitting so that both of you can have time to yourselves, away from the children.

If you have children with the batterer, it is likely that he will want to see them and you may not be able to hide from him. Consider getting legal custody of the chidren. In this way, when and how he can visit the children is specifically outlined. Legal custody of the children can help you avoid surprise visits and unexpected contact with their father. (See Chapter 6, under "Child Custody.")

It is not unusual to feel afraid that you'll run into your past partner soon after you've moved. Most women who have lived with an abusive partner feel this. Here are a few things you can do to help alleviate those fears:

• Don't list yourself in the phone book. If you really feel you must, list only your first initial and last name in the phone book. Do not list your address.
• Put only your last name on the mail box.
• Consider changing your name. In some states there are simple and cheap legal procedures for this.
• Explain to your children why you have moved and what to do if they see their father: They should never go with him no matter what he says and should always tell you if they think they've seen

him.

- Keep your new address and phone number confidential and only tell those people that you can trust one hundred percent with NO DOUBTS. Some people may not know your whereabouts for a while.
- Don't skimp on home security. This should be a priority. The crime prevention unit of the police department can visit your home for free and tell you where your house needs locks and reinforcement.
- Cultivate a few friendships so that you are not totally alone.

You may feel that even though you're in a new place and relatively safe, you could still use some support. Call a women's center or battered women's project where there are counselors who can offer help, even if it's only over the phone. Starting a new life by yourself can make you feel lonely and a little depressed. Counseling may be helpful at this time—it's not just for that rough time when you were in crisis. These counselors understand what you've gone through and can refer you to other support services in town if you need them, or if you have just moved and don't know what help is available. Chapter 7 has more on getting support from shelters, groups, your church, your family and friends.

Chapter 6

Legal Help

Most laws against physical abuse have been around for a long time. Unfortunately, they are not always enforced when the attacker is the husband of the victim. Violence between family members, especially husband and wife, is considered by some people to be outside the jurisdiction of law enforcement. This attitude has its origin in the idea that a wife is a husband's property and it is his right to beat her if he wants to. The belief condones violence when it is in the home by exempting the man from punishment.

The interpretation of existing laws against battering and their enforcement has changed for the better in recent years. Police officers in many cities receive training to become educated about domestic violence and learn how to respond to a call in a way that protects the victim. New laws have also been adopted to improve the protection our legal system gives battered women. You don't have to resort to legal help to stop the abuse, and many times legal help alone is not enough. But many women find the legal system empowering and even life saving.

As a woman who has been physically and emotionally abused, your legal options can include prosecuting the man who batters you, dissolving your legal marriage and receiving alimony or maintenance, and becoming the legal guardian of your children and receiving help with their expenses.

Most states have now enacted extensive legislation to provide women with legal protection against abusive partners. Each state has developed different laws against domestic violence, and some have more progressive laws than others. The information given here will show some common features of various legal procedures designed to help abused women and their children. The particulars and the exact legal process for obtaining such help will vary from state to state. A battered women's shelter or legal aid office can give you details of the laws and procedures in your community.

If you do not have legal status in the United States, you should consult a legal counselor who knows about immigration issues *before* taking any legal action. Although the laws to protect women against domestic violence are supposed to apply to everyone equally, the police can ask you for identification that might result in deportation. You can call an immigration service center, a battered women's shelter or even the consulate to find out how the local police departments handle undocumented battered women. When you call, tell them you are undocumented, that your partner beats you and that you want to know about your legal options. You don't have to give your name.

Legal Orders to Keep the Abuser Away

There are several legal methods of keeping a violent man away from you, whether he is your husband, ex-husband, former lover, or boyfriend. Most states have laws that enable women to get legal orders to prohibit an abuser from threatening, assaulting, or harassing them. The type of order and its name may vary, depending on where you live and how the order is used—it might be called an order of protection, a temporary restraining order, or a no contact order. An abuser violating such an order could receive a fine, a jail sentence, or both. Some states have what is called a "kick-out" order, which can remove your partner from the house you are both living in. (A kick-out order may be included as part of any of the above legal orders.)

Different kinds of orders are designed for women in different situations, and you will probably qualify for one of them. What is generally called an "order of protection" or "protection order" (also known as a restraining order) usually applies if you have a legal relationship with the abuser; for example, he is your husband or the father of your child. A battered women's shelter or a legal aid office can help you find out what orders apply to your particular situation and what legal restrictions there might be. Listen carefully to the restrictions and ask the person who gives you the forms whether you meet the requirements. You don't want to go to all the trouble of getting the forms and filling them out only to find that you don't qualify for that legal protection.

Orders of Protection

Orders of protection are widely available legal orders that can be used to keep an abuser away from you. Getting an order of protection is not difficult, but it usually involves filling out forms, going to court, testifying in front of a judge, and should be considered a serious legal procedure. Orders of protection are not for every woman. Some women aren't ready to involve the courts or are afraid of their partner's reaction. Whether you should obtain an order to help stop the violence is, for the most part, your choice. Here are some guidelines to help you decide:

When it is a good idea to obtain an order of protection:

- You have not been able to get him arrested by just calling the police.
- He is scared of or respects the law. He doesn't want to go to jail.
- You feel better having formal court protection.
- Your children need legal protection from him.
- Your extended family needs legal protection.

When it is not a good idea or is unnecessary:

- He doesn't respect the courts or the police.
- He has been arrested before and he doesn't care if it happens again.
- You have no faith in legal papers for protection.
- You are moving very far from him in the next few days. (If you will be living in another city, the order may not protect you there. It's usually better to obtain the order in the city where you plan to live.)
- You have had an order of protection before and it did not work for you.

How Do You Get an Order of Protection?

Orders of protection may be obtained at your county courthouse, at a local legal aid office or at a battered women's shelter. The cost of the forms is usually minimal; in many states they are provided free. Depending on where you live the court may charge an additional fee to process the forms. For example, filing the papers in some states costs anywhere from $20 to $100, in others there is no charge. If your state requires a filing fee, you may be able to have protection orders processed for free if you are receiving welfare benefits or have a low income. Ask about fee waivers if you can't pay.

Although you can fill the papers out yourself, the forms are usually complicated, confusing, and are generally not available in Spanish. In some states a simpler form is available; however, it is likely you'll need assistance. Lawyers can help for a fee, of course. Some cities have free legal clinics, or legal clinics for women that charge very little. You will have to call around to find a lawyer or a legal clinic that can help. (See the last sections in this chapter for information on how to find a lawyer.)

How Does an Order of Protection Work?

Once you have completed and filed the paperwork, there is usually a court hearing. The hearing may be scheduled anywhere from a few days to a couple weeks after the court has received the protection order. The purpose of the hearing is to determine why you need the order.

The court also asks your husband or partner to come so he can present his side of the situation, ask questions, discuss child visitation or property. If your partner wants custody of your children, you'll probably need additional legal advice from the lawyer who helped you with the protection orders or from legal aid. You must appear in court the day of the hearing for the protection order to be effective. The judge or the law itself in your state will determine how long the order of protection remains effective.

What Happens in Court?

Court procedures vary from state to state. Here is a general description of what to expect.

The day of your court appearance, the judge will call out the names of all the people who have appointments for that day. Some people will be there for protection orders, some for divorces and other domestic issues. The judge may do this twice to determine which cases are ready and to give latecomers a chance to be heard. Many times lawyers show up asking for more time or husbands show up asking for time to find a lawyer. Be patient. When the judge calls your name stand up and say you are present. If your husband comes he will also stand and say he is present.

If your husband brings a lawyer, don't worry. He probably doesn't need one but is obviously scared enough by the order to get some legal advice. Usually his lawyer will try to talk to you before you talk to the judge. You can talk to the lawyer if you want to. It's possible that the lawyer will want you to agree on the order outside the courtroom. You should never agree with what your husband's lawyer proposes without getting a second opinion. Don't feel pressured. Wait for your turn to talk to the judge.

If your husband doesn't show up at court that day, you alone will explain why you need the order. There is nothing wrong with this. Many men are too embarrassed, guilty or afraid to come. If he's absent it does not mean you cannot get the orders. But you may need a paper proving he has been notified of the hearing. You can call the courthouse the day before you are supposed to appear in court to find out if you need proof that he has been served. (This is called "proof of service.") They will tell you how to get it. If you and your partner are present for the hearing, you will go before the judge and one at a time tell your story. This usually takes about five to ten minutes.

It is always a good idea to have a friend with you when you are asked to go to court. Battered women's shelters sometimes have volunteers that can go with you. Don't hesitate to ask for some company; most people realize that dealing with the courts is a scary thing. If you need someone to translate, you will have to bring someone because the court does not provide this service for civil matters.

Remember:

- Be brief and tell the judge all the most serious abuses and the most recent beatings or threats. Make a list of these so that you won't forget any of them, especially if you feel nervous and think you might leave something out.
- No matter what your husband says DON'T ARGUE with him. The judge will not tolerate any arguments. Many of these judges are experienced in domestic matters and know that men who beat their wives are reluctant to admit it and will lie and make up excuses.
- Listen to the judge. He or she will tell you what has been decided, not your husband.

- Be sure once the orders are granted to tell the judge if you want your husband's keys to the house or if you want him to move out completely from your house if he hasn't already. This is the time to settle these issues.
- Arrange for visitation of the children. If you and your husband do not agree on the visitation arrangements on your protection order, the judge may recommend counseling. Most courts have some kind of family counseling office where a counselor makes a recommendation on when and how your husband can visit the kids. If you think that he might steal the children, you can ask for third party visitation. This is where someone like your mother or sister is present during his visits.

Before you leave, the judge may give you a date to come back to court if you want or need the order of protection for an additional period after it expires. If you want another year or more months, come to court on that day to again explain why you want the order extended.

Be very careful arriving and leaving the courthouse. For many women this is the first time they've seen their husband since he was kicked out of the house or was given the restraining order. He may show up with a friend or a family member. It is better to go inside the courtroom as soon as you arrive. Also, you may want to leave your children with a friend rather than bring them to the courthouse. All courts have bailiffs or guards inside the courtroom. The bailiff can help you if your husband is harassing you. Once you are finished inside the courtroom, stay near people until you see him leave and then leave by a different exit. Most courts have several. If at all possible, have a friend drive you, then she can go get the car and bring it near the exit you've taken. Whether you drive or take the bus, get in the vehicle quickly and watch for anyone following you. Take the precautions to keep yourself safe.

How Do You Use an Order of Protection?

Getting an order of protection doesn't necessarily stop the abuser from threatening or beating you. This is why it is very important that you know how to make the best use of the orders. Here are some ideas to help you enforce your orders:

- Change your locks if your partner has keys. Carefully check all your home security so that he has to break glass to get in.
- Alert your neighbors to the situation so that if they see him they know to call you, or if you need help they know to call the police. Some women even have a code with their neighbors, such as a knock on the wall or a phone message, to help with safety.
- If he shows up at your door YOU DON'T HAVE TO LET HIM IN. If you do, you may not be able to get him out without fighting with him. If you feel you must talk with him, go outside in public to talk, but never go at night.
- If you can, give copies of your protection orders to the police stations close to your home.
- Immediately call the police if he tries to break into your house or is making a scene outside. Don't argue or try to reason with him. Be sure to tell the operator or police dispatcher that you have a legal order and then explain what your husband or partner is doing. Try to give as much information as possible to alert them to the situation. If the police don't come within ten minutes call again. When the police arrive and find him there, show them your order of protection and insist on your husband's arrest. Don't be intimidated by your partner or the police officers. You've given him a warning to stay away and now you must act if he does not obey your warning. *The order is to keep your abuser away and to keep you safe.* If you don't use it you may not have another legal alternative left to keep him away.

Pressing Charges

Another legal option for you to consider is pressing criminal charges against your partner. You don't need to decide this as soon as the police arrive, but if you do want the batterer prosecuted, be firm and clear about it. It is a good idea to understand how prosecution works and what you can expect to happen.

Charges can be filed against your partner whether or not the police actually arrest him — as long as there is reason to believe a crime has been committed. If your partner *has* been arrested, he will be held in jail. (He does not have to violate a protection order to be arrested — see Chapter 4, under "How to Have Him Arrested.") Some batterers are released after a few hours, others may spend a few days in jail. How long he is detained depends on whether or not he is charged with a crime, and whether he pays bail or is allowed to leave on his own recognizance. Bail is like a deposit. It helps guarantee that if he is released he will return to court to get his money back. Being released on his own recognizance means that he will be released and trusted to come back, based on his ties to the community, such as home ownership or a steady job.

After reading the report you had the police take, the district attorney of your county or the city attorney decides to either begin criminal proceedings against the batterer or to let him go. This decision is made by the attorney, not by you. However, you can let the attorney know if you want charges to be filed.

YOU DO NOT HIRE A LAWYER for prosecuting the batterer. Assault, battery, and rape are crimes committed against the state. You are the witness to the crime. The people of the state, which includes you as the witness, are represented by the district or city attorney, who will prosecute the batterer. This is a *criminal* proceeding; that is, the attorney tries to prove that the batterer did something against the law. In contrast, a divorce or child custody case is a *civil* legal proceeding, involving private parties instead of the state, where you generally have to hire a lawyer to represent you. (For example, getting a divorce is not a crime against the state and so it is up to the individual to begin a civil action.)

You should call the city or district attorney to find out if he or she has decided to prosecute the batterer or if the decision is to drop everything because there is not enough evidence to prove that the batterer broke the law. If nothing is done about your case IT DOESN'T MEAN THEY DON'T BELIEVE YOU OR THAT IT DIDN'T HAPPEN. It means that the attorney did not think he or she had enough evidence to prove to a judge in court the truth of what happened. In some states a citizen's complaint procedure exists where you can still prosecute even if the attorney decided against it. Ask the prosecutor if there is a citizen's complaint procedure available in your area.

Criminal proceedings are complicated and confusing. You may feel that you don't know what is going on. Call the police station or jail if the batterer is still being kept there, or call the district attorney's office. They are the best people to tell you where the case is and what you should do next. Also, some communities have victim advocates who can tell you how the system works and can assist you during the different stages of your case.

If the district attorney decides to charge your husband or partner with a crime, you can show your interest and willingness to see the case through. You may need to visit the attorney and keep in touch with the progress of the prosecution. The attorney may ask you the same questions over and over again to see if you are sure about the details. Because you will be a very important witness, it is critical to the case that you remember what happened as best as you can and tell the details in a clear manner. Sometimes it's helpful to make notes while your memory is fresh. You can always refer to them later.

Don't be embarrassed to ask questions. The attorneys know that these cases sometimes take a long time and they can help you understand what is happening. You are an important part of the case against your batterer. The more active you are, the stronger the case will be.

Shortly after the batterer's arrest he will usually have an arraignment hearing. An arraignment is where they tell the man what charges are being filed against him. He must say if he is guilty or not guilty. The judge decides whether to hold him in jail until the next court procedure or to let him go. It is very common for men who are charged with assault and battery to be released on bail or allowed to leave on their own recognizance.

If there is a hearing with a judge and lawyers, you will most likely have to testify, telling everything that happened. The prosecuting attorney will not be able to prosecute your batterer if you fail to appear in court, unless there were other witnesses to the incident. Your partner's lawyer may ask you questions that are confusing or make you angry. This is often done in an attempt to show that either you were at fault, you lied or you don't know what happened. Try to be calm and take your time answering questions. Your partner's lawyer may also try to embarrass you and attack your character. Although he may be exaggerating or telling lies, it is still traumatic and humiliating for someone to accuse you of causing the beating or lying about it. Try to bring someone with you to these trials for moral and emotional support.

At the end of the trial the batterer will be found guilty or not guilty. If he is found guilty he can receive a jail sentence, a fine, or probation. Probation is freedom under certain conditions. These conditions may demand that he stay within city limits, not violate any laws for a period of time or stop doing certain things like bothering you — otherwise he will be put in jail. Probation can also stipulate that he attend counseling as a condition of his release. In most cases involving a first offense, the batterer will get probation rather than a jail sentence. If you have certain conditions you would like to see as part of his probation, such as a no contact order, tell the district attorney *before* the sentencing.

Sometimes before the trial a plea bargain is agreed upon. A plea bargain is where your partner's lawyer and the district attorney come to an agreement to avoid going to trial. Usually they drop some charges and plead guilty to others, reaching some kind of compromise. Plea bargaining is done often and you will most likely not have any say about it. Some women are very disappointed that the most serious charges are dropped without their consent. Other women are relieved because they didn't have to testify and the abuser still gets punished. (Even though certain charges may be dropped the end result in terms of punishment may be the same.) Although you were the one to press charges, the case is controlled by the lawyers and plea bargaining is their method of cutting down on the number of cases they take to trial.

Divorce

Divorce is a civil, not a criminal action. This means that you start the proceedings by filing papers in court or hiring a lawyer to do this for you. It is different from a criminal case because it does not involve the city or district attorney. It is a suit between two people, not the state. There is also legal separation, where two married people agree to live apart but their marriage is not dissolved. A legal separation is like a divorce in that you need a lawyer for the paperwork and you can request alimony and child support. Some people choose a legal separation over a divorce because although they want to live apart, they don't feel ready for the finality of a divorce. Other reasons for avoiding divorce could be one's religious beliefs or not wanting to lose medical insurance benefits that might end with a divorce.

You can file for a divorce even if your husband doesn't want one. If you have left your husband you will not be at fault or charged with desertion. In many Latin American countries you cannot get a divorce unless your husband wants one and if you have left your husband you lose your rights to the house and the children. In the U.S. it is different. You can leave your husband and not lose your right to property you have together or child custody. (If you have a green card or are undocumented, read Chapter 8 to see what your rights are. Divorces and child custody laws may apply differently to you.)

Whether you should seek a divorce or not depends mainly on two things:
1. That he will understand your relationship has ended and he will leave you alone;

2. You have a lawyer to do the necessary legal work.

If you can't afford a divorce and you don't think the divorce will stop the abuse, then this may be the best time to get a legal order to keep the abuser away. (See above on protection orders.) Many people have ideas about what a divorce can do that aren't realistic. You should know the limitations of such a legal maneuver.

Don't rely on the threat of a divorce to make him stop beating you. For many couples, separation and divorce have been mentioned so much during the relationship that they have lost their meaning. When you say you're going to file for a divorce, he may not take you seriously. Many husbands believe that their wives don't have the nerve to go file for a divorce and so they consider it an empty threat. If you aren't ready to get one, don't tell him you are. You may seem weaker to him when you don't carry out what you promise.

Merely filing for a divorce does not stop him from hitting you. Divorces are not immediate, they take a long time. Don't file for a divorce without making arrangements to live apart from your husband. Your lawyer can help get you temporary use of the house or apartment. You can have your lawyer file an order of protection at the time he or she files for the divorce. Filing these papers together can make both the divorce and the order of protection stronger and may save you money in lawyer's fees as well. In this way you not only start your divorce, but you get legal protection from further assault.

Divorces are expensive. In the majority of cases divorces are done with an attorney. If you and your partner do not agree on the custody of the children or on property you own together, you may need legal help. Most attorneys' lowest charge begins at about $300. There are divorces that you can do yourself if you don't have children or property, and generally the only charge is the filing fee at the courthouse. However, you should be careful using this method. It's possible that your husband will bully you and make you agree to things that you don't want. You may want to separate so much and get it over with that you'll agree to anything. Having a lawyer can help you get what you want and even avoid confrontations with your husband. Also, the forms to a do-it-yourself divorce usually don't come in Spanish and you may still need help with them if your English is not fluent.

If you don't want to be married to your husband, consider getting a divorce once you have left him, are in a safe place, and settled enough to afford it both financially and emotionally. It may be too much for you to find a way to leave him, find a way to make a living for you and your kids, *and* find a way to afford a lawyer for a divorce.

Your safety is number one. Once you are living away from him you can think about a divorce and child custody. Take one step at a time and all the things you need to accomplish will not seem so over-whelming.

Child Custody

It is a good idea to obtain legal custody of your children if you're afraid that he might take them from you. The determination of custody of children is something that requires legal proceedings whether you are married or not. (If you are undocumented or have a green card, see Chapter 8 for more information.) If you move out or if he leaves the house, either one of you is entitled to have the children. If he takes them, he doesn't have to give them back to you unless you are granted legal custody. If you want, legal custody can allow him to visit the kids and arrange for child support. Unfortunately, many children are taken by their father even when mothers have legal papers giving them custody. Some "missing children" are actually kidnaped by a father who then takes them out of the state where custody papers were issued.

If you are afraid the father may attempt to steal your children — for example, if he has threatened to take them from you — you may want to take some extra precautions to protect them. You can begin by telling them that they are never to go with their father no matter what he says. Here are some other suggestions to help increase your children's awareness to staying safe.

- Make sure your children know their full name, address and phone number. This information should include the state where you live and the area code of the phone number. Teach them how to reach the operator and make a long distance call.
- Take pictures of your children every year. If something should happen you will have a current description of what they look like.
- Tell your children to never answer the door when they are home alone and to never tell anyone over the phone that they are alone.
- Don't leave your children alone in a car. Encourage them to walk and play with other children.
- Be sure to have the school or the day care center release your children only to you. You can also set up a code word with your children to be used as a signal if their father should show up. If their father does not answer with the code they should get help immediately.

In one case, a couple that was not married decided to separate and the mother took the children with her. She did not have legal custody of the children because the father was agreeable to her having them. The woman felt obligated to allow the father to visit whenever he wanted because he helped support the children. The father would come over to her house, stay all day and harass her, abusing his privilege to see the kids. He then began threatening her, and resumed beating her even though they were not living together anymore. Having legal custody of the children would have helped her limit his visits to a few hours once a week and ordered him to continue paying child support.

Visitation can be something that is worked out so that both the mother and father get to see the kids grow up, and the children get to see both parents on a regular and convenient basis. Your husband doesn't have to visit the kids at your house. You can arrange visitation to take place outside your home in a public area like a park, or at a mutual friend's house. If you don't want him even to come to your house to pick up the kids, arrangements can be made for him to pick them up elsewhere. Restrictions can also be included, such as forbidding your husband to visit when he has been drinking or to drink while he is with the kids. Having legal custody and court-approved visitation may seem a harsh and cold thing to do to the father of your children, but without it he'll have more power to abuse you and keep you from getting on with your own life.

Child Support

If you obtain custody of your children, the court will order their father to pay child support if he is working. Child support is usually in monthly payments and is based on how many children you have and how much money your husband makes. If you remarry, the children's father is still obligated to support them. However, even though the court has ordered the father to pay child support, he may not do it. Getting him to pay every month can be very difficult. Women frequently have to call the father and remind him about a payment that is overdue or even take him to court for non-payment. If at all possible have him make payments to the court and not to you personally. This may obligate him to pay on time and save you from having to call him every month. You can also call your legal aid office to ask about your state's child support enforcement procedures.

Alimony/Maintenance

You may also request money from your husband in the form of alimony, also known as maintenance. This is done in the divorce papers. Alimony payments are for your expenses. (If you remarry you may lose the alimony, but not the child support.) The amount to be paid usually depends on how much he earns, how long you've been married, if you are working or if you have the ability to get a job. It is usually not enough to meet all your expenses. Also, many men are unreliable for paying anything at all, even if it has been ordered by the court.

Community Property Laws

Some states have community property laws, which mean that what money or property you acquire after marriage belongs to both of you regardless of who earned the money or paid for the property. These community property laws vary from state to state. In some areas it is possible that if you move out to live on your own and you are still married to the man, he can come and move in with you if he wants to. Or, if he left the house and you stay in it, he can move back in. In one case a woman had not lived with her husband for a year. He appeared one day at her door demanding to be let in. She called the police to get help. When the police found out that they were still legally married they helped the man get into her house! Once you are on your own you may consider a divorce if the state you are living in has community property laws and you think it is possible for him to come and claim your property, demand your money, or try to move in with you.

How To Find a Lawyer

The best way to find a lawyer is to have someone recommend one who specializes in domestic cases. Ask other women if they know of a lawyer who charges a reasonable fee and is experienced in divorces and other domestic law. Lawyers either charge by the hour or charge you a flat fee for a particular service. Be sure to ask about the exact cost and what that includes. Don't be afraid to ask your lawyer questions, even if you think they are dumb questions. Lawyers tend to use legal terms that most people don't understand, so it is not unusual for you not to know what he or she is talking about. If you feel nervous about seeing your lawyer, *write down* your questions ahead of time to help you remember. You are paying for your lawyer's services and deserve to have your questions answered.

Don't feel bad about asking regularly how your case is going. Lawyers are busy people and don't always make time to call you and keep you up to date on the progress of your case. If you feel that your case is going too slowly, call and ask about it, *inform yourself.* Be careful, though, because many lawyers will charge you for your phone calls. To avoid being charged, ask your lawyer if you can call on a particular day to check on your case without charge. It is better to ask whether there is a charge than to assume that there isn't. Many times you have to call frequently in order for your lawyer to understand your urgency. It is the lawyer's responsibility to do the work, but it is your responsibility to see that it gets done.

What If You Cannot Afford a Lawyer?

Some alternatives to your situation will require legal papers and procedures, others will not. The services of a lawyer for a divorce, legal separation, child custody, or an order of protection generally require paying a fee. If you have decided to hire a lawyer but don't have the money to pay for the services, consider these alternatives:

• Call your local legal aid office. These offices work for people who cannot afford a lawyer. They work on a very small budget and are usually working to capacity. It's possible that when you call they will put your case on a waiting list and it will take a few weeks or months to get help. If you cannot wait that long, ask them to refer you to a lawyer outside their office who can help you immediately.

• Ask the lawyer you have contacted to accept installments. This way you can pay a little at a time and still pay the full amount he or she asks.

• Ask the lawyer if he or she can collect the fee from your husband. Even if you initiated the divorce, the lawyer can sometimes collect from your husband if he is working.

• Call the bar association in your community and ask about local legal clinics. The bar association is an organization for lawyers and they should know where to refer you. Some cities also have a lawyer referral service, which gives names and numbers of lawyers who handle divorces and who are bilingual.

- Consider filing the do-it-yourself divorce if you have no children and you have no property with your husband. Don't use this option if you and your husband don't agree on the separation or if you want to request alimony/maintenance. Check with the county courthouse about forms and filing fees.
- Call a battered women's shelter for a legal referral. Some have legal clinics that are designed to help battered women; others have lists of lawyers who are sympathetic to your problem and require only a minimal fee.

Chapter 7

Getting Support

Getting out of your situation will usually involve getting the help of other people. Few women can do it completely by themselves. Knowing where to look for someone who understands is not always easy. You may already have asked your mother-in-law or sister for help and found out that they were not really on your side, or that the kind of help they gave was not what you needed. Nonetheless, it is important that you get support from someone. This section will give you some ideas on where to look.

Shelters and Groups

Battered women's shelters usually have ongoing programs for abused women. These programs are for women who want to get out of a violent home and for women who have already left an abusive partner. Topics and issues addressed range from what it means to be battered to rearranging one's finances and preparing for new careers.

Many battered women's centers also run what are called support groups. These are groups for women who have had experiences with abusive partners. Women often join a support group because they feel alone and want counseling. The groups are designed so women have the opportunity to share thoughts and feelings in a supportive and nonthreatening atmosphere. There is usually a counselor who leads and guides the group. Groups help women support each other and discuss common problems and solutions. A support group can help an abused woman face her situation and see where the abuse can lead. It helps her to learn what she can do for herself, her kids and her partner. With a support group a woman can make decisions that are difficult to carry out alone.

Lucia's story is an example of a woman who benefited greatly from a support group. Lucia had been beaten for several years by her husband. He suddenly left her one day and disappeared for about two years. Lucia's mother-in-law, who lived close by, constantly blamed and harassed Lucia for her son's leaving. Lucia was always nervous and upset and felt like a failure, even though she worked two jobs to feed and clothe her children. Although Lucia no longer lived with this man, she hadn't recovered from the abuse, mostly because she had never told anyone that he beat her. One day her husband returned and decided to live with her again. Lucia was confused and did not know what to do. She hadn't been able to live with him or without him. She was desperate for the right answer to her problem. Should she let him stay, was her mother-in-law right, could they really live together again?

Lucia met a woman one day at a park who told her about a support group. Lucia started to go to the group, not often at first. She felt uncomfortable because she had not been abused recently, and most of the other women there had. Then slowly she became a regular member as she realized how much she had in common with the other women. She still felt abused emotionally and began to realize that this wound was preventing her from moving on with her life. The group helped her admit that she wanted to give her husband a second chance to see if the relationship she wanted was really possible. Her husband did not stay for more than six months after he realized that Lucia had certain demands of the relationship. It turned out that he had another home with a woman and kids in a nearby city and never intended to have a serious relationship with Lucia. She finally was able to move away from her mother-in-law and got a divorce. The group helped her recognize what her feelings were and what stopped her from getting over this man who no longer lived with her or loved her.

Another woman, Catalina, had lived with an abusive husband for the entire marriage, about fifteen years. They had six kids and were barely making ends meet. The youngest child was seven and the oldest was a fifteen-year-old girl. The kids always sided with the father and never defended Catalina or helped her, even when he was hitting her. Catalina felt crazy and so unloved by everyone that she decided to leave home and stay at a shelter for a short time. After two weeks she chose to return home, have her husband removed from the house with a restraining order and live with her kids. The oldest girl had taken over the house while Catalina was gone and didn't want her mother back. The battered women's group that Catalina went to gave her the only positive support she had. Catalina had no friends and couldn't even count on her children for affection. The group counseling she attended after she left the shelter gave her the strength to deal with a grown-up daughter and understand the damage she and her children had suffered, and to keep her husband out of the house. Eventually her husband moved to his own home and the three oldest children decided to live with him. Although this hurt Catalina, she realized that she couldn't handle all six children and discovered she could economically support and build a good relationship with the three little ones who needed her.

Most support groups will allow you to attend as often or as infrequently as you want. Some women go a couple of times and find that they cannot reveal their feelings to other women. This is common, especially for Latinas who only confide in a very few close relatives. As a woman who has been emotionally battered, you may have suppressed your feelings so much that it will take a while to let them go. You may have hidden your feelings as a way of denying the beatings, to keep the abuser from getting angry, to keep things looking normal. In order for the group to be most successful in giving support and guidance, it helps to go regularly and work at trusting others and expressing your feelings. This may take time, and that's exactly what the group is for. The group can be useful even if you don't go often or say very much.

Most centers offer support groups in English only and a Spanish-speaking group may not be available in your community. Call a battered women's center and ask about bilingual groups.

Counseling

There are some factors that make some men more likely to hit their wives and some women more likely to endure the violence than others. More studies need to be done to find out reasons and cures for battering, especially battering in the Latino family. Although we do have theories as to why it happens, we don't know much about how to stop it. Some battered women's shelters have counseling groups for men who batter. The only problem with this is that few men will ever admit they have a problem. Also, the groups are usually not in Spanish and don't have a perspective that addresses problems specific to our Latino culture. A private therapist or counselor can be a way for your partner to get the help he needs and wants.

Counseling and therapy mean talking with someone trained in psychology about feelings and emotions that cause problems in a person's life. The counselor helps the person having problems find out why he has these feelings, and how he can change them or adjust to them in order to live a better life. For the man who beats his wife, the feelings may be anger, low self-esteem, frustration, powerlessness; the causes may be that he was a victim of abuse as a child or he watched his father abuse his mother.

Everything said between a client and a counselor is confidential. A counselor protects a client's privacy by never letting anyone know what is talked about in the sessions. The counselor is there to help work out problems and is most successful if the person getting counseling wants to be helped.

For most women in a violent relationship the only way to stop the violence is to end the relationship. Although a woman may be able to get her partner to promise that he'll never beat her again, this is usually like the old promise that he'll never drink again and is only kept for a couple of weeks or months. If he is truly interested in stopping the abuse, he will need to see a therapist, psychologist, or counselor. He CANNOT do it on his own. And for your own safety you should insist that he not do it on his own. In some states if the man is arrested and convicted for battering, the court orders him to get counseling. As long as he doesn't get counseling he is a threat to all of society, not just his wife or lover.

If your partner agrees to get counseling, it is better that you live separately while he gets it. Counseling can last for a few months to a few years. Oftentimes he goes once, maybe twice, and then never returns, and if you're living together it won't take long for the beatings to resume. You can make counseling a condition for your getting back together. If he gets counseling for at least six months or a year, then you'll consider living with him again. You can call his therapist to verify that he has been going. Your husband can give the counselor permission for you to find out how often he has gone.

You may also want counseling for yourself, for different reasons. You may have taken the blame for the beatings, thinking you did something to cause them and that you need to change your behavior so that he can stop. It is the *man* who needs to change his behavior and stop being abusive. That is his problem. But living with an abusive partner takes it toll, and seeing a counselor yourself can be helpful and supportive — whether you are in a crisis period or not. You may want counseling to help you understand more about asserting your needs, to help with depression or isolation, or if you don't have someone you can talk to who is sympathetic.

Finding a Counselor

The best way to find a counselor or therapist for your husband or yourself is to call a battered women's shelter or ask a social service agency to recommend some. If you are going for yourself, you can ask the counselor if she or he has experience with battered women before you make your first appointment. It is also a good idea to ask why the counselor feels you are in this situation. A counselor or therapist who either blames you, puts the responsibility of ending the abuse solely on you, says that you have this problem because you are from a low-income family, because you are Latina or because you are not formally educated, does not have enough understanding or familiarity with domestic violence to be helpful. Such a counselor can in fact be very damaging. Not having much money or not having a high school education are *not* reasons why you are being beaten. Wealthy, educated women are beaten as well. A counselor with this narrow point of view will do you more harm than good and may be too racist or sexist to treat you with respect or to help you.

You are not obligated to see a counselor you don't like. Just because you have started seeing one counselor doesn't mean you can't go to someone else. It is perfectly all right to shop around and find someone who makes you feel comfortable and understands you. Usually a woman counselor is more successful in understanding your perspective as a battered woman than a male would be. Many male counselors are not educated in counseling battered women and may not be helpful because of this. Your chances are better with a woman. Also, if your partner is seeing a therapist, it is best for him to go by himself to a separate counselor. A therapist who is helpful to him may not be for you. You can participate from time to time, but only if you want to.

Counselors at a shelter do not ordinarily charge a fee for their services. Therapists in private practice generally charge by the hour. Some accept insurance and government subsidized health plans, some only insurance. When you call to make an appointment, ask about the hourly rate and what insurance they accept, if you have some. There are therapists who work on a sliding fee scale, which means that they charge you according to what your income is if you don't have insurance. Therapy is expensive, but if you find a good therapist with a reasonable fee, it may be a good investment for you.

Friends and Family

There is no doubt that leaving your husband or partner is a difficult time for you, and now more than ever friends and family count. If family members are supportive and want to help that may be great, but even the most loving family will appear at times angry and impatient with you. This usually comes from their frustration of seeing you suffer and being unable to do anything.

Although many families want to do something, they may not be equipped to deal with this problem. They may not be able to help financially, because they need help themselves; they may not believe in divorce ("once you're married it is for better or for worse"); they can't let you stay with them because there is no room; they may not want to get into trouble with your partner or his family; they may be afraid of him. Any of these and other reasons can keep them from helping you. They may not believe you or want to believe you. They may tell you to go home, go back to your husband where you "belong." If your family doesn't support you, then acknowledge that fact and count on those who *will* help you. Perhaps when it is all over and you are living your life away from violence, your family will be in a better position to accept you and understand what happened to you.

Violence in marriage also tends to divide families. Your mother-in-law and her family may all of a sudden not side with you, even if you get along with them most of the time. It is hard for families to admit that their son or their brother has a problem like battering. Many times your friends will not want to take sides and will not react to what you are telling them. You may feel you are making a big deal out of nothing. It will be hard to believe that anyone understands you and is on your side. Those who do understand and want to help will make all the difference if they are patient and loving.

It's possible that friends and family don't know what they can do to help you. You can take an active role by telling them how they can. For instance, they need to know if you feel like talking about your partner's violence, if you need someone to go with you to court or to the doctor, or someone to spend the night in your home. They also need reassurance that they are doing the right thing. Because it usually takes a while to end the violence, family and friends may think that their help hasn't been effective because they haven't solved your problems right away. Most people don't understand that it takes time to break the cycle of violence, that it cannot be done overnight.

There will also be those who want to save you from this monster immediately. They start to make decisions for you and tell you what to do. Their loyalty to you is admirable, but their determination to rescue you is not always the best thing for you. If they take control of your life, they are doing what your partner has done—keeping you powerless. You are capable of making decisions for yourself, so don't allow anyone to make you do things that you don't want to do or are not ready for. Even those people who are closest to you cannot change your life for you; it is something that you must do for yourself. It will be far better in the long run if you make the choices and they help you follow them through. When you're confronted with friends who try to take control you can say, "Thanks for your suggestion, I'll keep it in mind, but what I really need is . . . someone to talk to or someone to hold my hand, someone to lend me money."

Brothers or fathers may want to go beat up your abuser. This tactic is no solution as well as being against the law, and they can find themselves in as much or more trouble as your abusive partner. Also, this approach has the MEN go out and "solve" your problem. It is much better if YOU control how you want to deal with the battering. The violence must be stopped, not continued. You may have to tell your brothers that although they are angry, they cannot step in and run your life, that you appreciate their concern but will benefit more if they give you financial and emotional support instead. Tell them that having them there and listening to you is as valuable as giving you money and much more satisfying than revenge.

It may even be a good idea for those friends or relatives who want to help to call a battered women's hotline. These hotlines often get calls from parents, friends or employers who want to know more about assisting and supporting the battered woman. Counselors explain some of the problems women have and what some of the options are. The counselors try to find out what kind of help this person wants to give and what kind they're giving. Talking with a counselor can help your friends or family, especially if they are confused or angry with you.

If you feel you cannot make your family and friends understand, if you cannot count on anyone, *call a battered women's shelter,* family counseling center or health clinic. Tell them your problem. A counselor will reach out to you and give you support. Most cities have some kind of help for battered women. If they don't have a Spanish-speaking counselor, try to find someone who can translate for you, if not a friend then maybe a Spanish-speaking counselor from another agency. (See Chapter 8, under "No Hablas Inglés.")

The Church

Your church may be able to offer you assistance and counseling or direct you to the services that can help you. Many churches have programs for battered women and others have the community contacts that can be useful in getting you out of the violence. Sometimes churches have a group that works on social issues, and they may be willing to help you find a new home and furniture. The church might also have a working relationship with a social service agency that assists battered women, or they may be able to put you in touch with the right programs. Some churches have a counseling group that helps with a variety of problems, from unemployment to delinquent kids to domestic violence.

If you feel that you'd like to get advice from your priest, minister, or rabbi, make an appointment with him. Talking to him after mass or church is not the best time; he may not respond well with so many distractions. Out of respect for yourself have him set some time aside for you when you can discuss your situation calmly. You are worth it. If you feel uncomfortable doing this, talk with a friend who also goes to your church. She may be able to talk to the priest and help you get the church's assistance.

If your priest, minister or rabbi fails to give the support you need, then look to other leaders in your church or temple who are educated about domestic violence and can give the needed support that comes through understanding. I talked with a group of priests who told me that they had no one in their church who needed "this kind" of help. They told me that women who were beaten could stop it if they really wanted to. They said such women do not honor their husbands and should expect some punishment.

The next week I visited another church in the same area and got a completely different response. They already had a group of parishioners who were interested in offering help, even to women who did not come to their church. They wanted to know what else they could do to help. Not all church leaders will be the same and it is possible to find those who care and understand. If your own church can't help, or doesn't try to, how about a friend's or a neighbor's church? Suffering is not restricted to one religion; and God is everywhere if you wish to find him. The church can be a good way of getting counseling along with spiritual support. But if you still find that they don't understand or can't help you, it doesn't mean you should endure the mental and physical torture. God does not intend for anyone to suffer. Jesus said:

> Ask, and it shall be given you; seek,
> and ye shall find; knock, and it
> shall be opened unto you:
> For everyone that asketh receiveth;
> and he that seeketh findeth; and to him
> that knocketh it shall be opened.
>
> *— Matthew 7:7-8*

Begin by helping yourself and God's help will follow.

Chapter 8

Getting Around the Barriers

This chapter looks at different areas where you may need some extra help. All the possible obstacles or ways around them are by no means here. Your determination, creativity, and energy can make the possibilities endless.

The Undocumented Woman

For the undocumented woman a battering situation can seem hopeless. Not only are you afraid of your batterer, but you may be afraid of those agencies that usually help other women, such as hospitals, police departments and lawyers. Fear of deportation may keep you from getting any kind of assistance. You may also be very far from family and friends who could offer support and help. This problem is especially true for migrant women, who must travel away from their homes and away from services in the city to work in the fields. Most women living in the United States without proper documentation are thousands of miles away from their hometown. If this is your situation, you may find that the closest person to you is the one who is beating you, and he is probably well aware of how isolated you are. He does not have the right to beat you in your homeland or in the United States. You may not be a legal citizen, but in this country you are entitled to protection under the law. KNOW YOUR RIGHTS.

You have the right to:
- Call the police when your boyfriend or husband is beating

you. They cannot ask you for any proof of citizenship *before* helping you. Remember, they are not immigration officers, they are police officers, and their duties include protecting you from further assault. They can, however, ask you for identification once they assess the situation.

• File a police report or complaint. In the United States it is against the law for a husband to beat his wife, or hold her against her will; in many states it is illegal to rape her. If you want the police to arrest your partner, if you think the law should punish him for his wrongdoing, you can file a police complaint against him. The police can arrest him and hold him for a few hours or they can report him to immigration and have him deported if he is undocumented. It is possible that he will tell the police that you don't have papers either, or the police may ask you for identification. In some areas the police do not bother reporting the battered woman to immigration and will only be concerned with deporting the law-breaking man. However, all police departments are not the same and you may risk being reported when you have contact with them. There are no guarantees. *It is a good idea to call either a battered women's shelter or an immigration service center to find out what you can expect from the police officers in your area BEFORE you need to call them.* It's possible that in a life-threatening situation the right decision may be to risk being deported rather than to risk losing your life.

• Obtain a legal order to keep the batterer away, such as a protection order or no contact order. You don't have to be a citizen to file these papers. Chapter 6 tells you how to get these orders and how to use them. All the information in that section applies to you, too. These papers can help keep him away from you and your children for a few months or even a year.

• Receive help from the government in the form of welfare for those children who were born in the United States. You can apply for welfare for your children as long as you have proof of their birth in the U.S. (You may not be eligible if you still live with your partner and he is working.) Welfare workers should not ask you about your citizenship, but they may ask anyway. Some people who don't have papers apply for welfare and receive it without getting reported to immigration. These people are taking a risk that their legal status will be looked into. The help that welfare can give you for your children can make a difference in your income and can help you live on your own, away from your husband. However, being a welfare recipient can have an effect on your chances for immigration when you apply for permanent residency. *It's a good idea to talk to legal aid or an immigration counselor BEFORE you apply.*

• Stay at a battered women's shelter. Shelters are not concerned with what your legal status is. They exist to give you a safe place to stay and help you get out of your violent situation. They are not interested in whether or not you are a legal resident. Shelter workers may ask you if you have papers for welfare purposes or to help you with immigration information. You can be honest with them so that they know what benefits you are entitled to. A battered women's shelter is a safe place and they are sympathetic to your needs. (See Chapter 5, under "Battered Women's Shelters.")

If you want a divorce and you want to keep your children with you, there may be complications if you are undocumented. If the father of your children is a citizen or permanent resident alien, he may have rights that you do not have as an undocumented mother. You may not be able to take your children out of the country without his permission if they are minors. A divorce can mean losing your children if you must leave the country and he insists on keeping them.

If You Have a Green Card

If you are a legal resident by having a green card, you have the basic rights that other women have. However, certain actions can have an effect on your immigration status. This is why it is important that you get a legal opinion *before* you start something like a divorce or apply for welfare. An immigration service center, legal aid or an immigration lawyer can tell you what the current laws and restrictions are for green card holders. Here are some:

You want a divorce. If you got the green card because your husband is a citizen or permanent resident alien, your legal status could change if you are granted a divorce. Talk to a lawyer if you want to divorce your husband and wish to stay in the U.S. with your green card.

You want to apply for welfare. You should not apply for welfare after getting a green card unless you can show that your financial state has changed from what was reported when your green card was issued. You should consult an immigration lawyer or immigration service center if you have questions about getting welfare.

You want to file charges. If you file charges against your partner and he is charged and convicted of assaulting you, his immigration status may be affected and may even lead to his deportation. You will NOT lose your card if he is deported, even if you got the green card because he had one.

There are people who can help you and tell about your options. You are not alone, if you reach out and ask for help. It may be embarrassing and difficult to tell someone what is happening in your home, but the benefits of telling someone and receiving the assistance you need will make up for any embarrassment you might feel.

No Money

Alternatives to a violent marriage require money in one way or another. If you want to move you need money; if you want a divorce you need money; if you want therapy you need money. This issue is hard to get around, but it's not hopeless. Consider these possibilities:

• Borrow money from your family or friends. It's possible that your family doesn't have any to lend you or has already given you what they could. Read on for other options if this is the case. If you can't borrow from them because you haven't told them about your situation, review the sections in Chapters 3 and 7 on your family and friends to help you approach them for support.

• Apply for welfare. You may feel too proud to accept help from the government, but this is exactly what it's for—to help you when you need it until you get a job and can make it on your own. You may have heard that some people take advantage of welfare, but asking for aid doesn't mean you have those intentions. There are different programs for children, such as Aid to Families with Dependent Children (AFDC), and for adults. Your local welfare office will let you know which one you qualify for. Ask about what emergency help they can give the day you apply, since welfare offices usually take at least a few weeks to issue your first check. Some offices give food stamps or a small amount of cash to help with food. If you are not a legal resident or if you have a green card, see the sections above for information on when you can and cannot apply for aid.

• If you and your husband own a car together and you have the ownership papers (pink slip), you may be able to sell it. On the other hand, it might be better to keep it so you can get around. If you have a bank account in both of your names, you are entitled to that money and can withdraw it.

• Save money from your job or allowance a little at a time. This alternative may sound depressing at first, but it has been done by many women and proved successful. Women in all kinds of situations have managed to save a little bit each week to buy bus tickets or pay for a motel.

If you have no money, no job, no allowance and must get out, *call a battered women's shelter.* Although some shelters charge per night, they can make arrangements that will accommodate your financial situation. They don't turn away women because they have no money. If you call a shelter and they say they can't take you because you can't pay, you may have called a shelter that does not specialize in battered women but takes all kinds of people. Ask them to give you the phone numbers of other shelters you can call. (See Chapter 5, "Battered Women's Shelters.")

No hablas inglés

Speaking only a little or no English can be an added obstacle. In many cities there are lots of bilingual services; in other towns resources in Spanish hardly exist. If you are having trouble finding services in Spanish, here are some options:

• Look in the phone book under "social services" or "women's organizations." Battered women's services are listed there. Don't be embarrassed to call and ask if someone speaks Spanish. If you don't see any battered women's services listed, look under "Chicano," "migrant," "Puerto Rican" service organizations, or look for titles of organizations in Spanish, like "Casa de Paz" or "Mujeres Unidas." They should have Spanish-speakers at one of these and help you find the services you need. When you call these organizations tell them, "I'm having problems with my husband or boyfriend and I'd like to speak to a counselor." That way you don't have to tell the details until you find the right person to help you. If they ask what kinds of problems, you can say that he is a violent person, that he hits you or say that you would rather not talk about it until you are assigned a counselor.

- If you know of a counselor who is bilingual, ask this person to refer you to an agency that specializes in helping women. Most counselors are aware of other counseling services or are happy to help you find other services that you need.
- Ask someone to interpret for you. If you know of someone who speaks both English and Spanish, this person can call the English speaking agencies for you and ask for a bilingual counselor. If you cannot find a bilingual counselor, your bilingual friend can help translate between you and the counselor as a last resort. Although this isn't the best alternative, it may be the only way to get the assistance you need.
- If you attend a church where Spanish is spoken, they could be helpful in connecting you to a social service agency or counseling center.
- If you are here on a temporary visa or passport, try calling your consulate. They may be able to direct you to places that can help and where Spanish is spoken.

Chapter 9

Our Lives Without Violence

Finding New Relationships

Women are the prime targets of rape and battery. Our assailant is not always the stranger we were warned about; much of the time it is the man in our life. What can we do about this, how can we stop violence against us, against all women?

Let's begin with your new life away from your violent partner. It is possible for you to have the companionship and love of a man without domination, mental or physical. However, some women who were beaten by their partners find that their next lover turns out to be the same: he is violent and abusive. It is very difficult for women to believe that it isn't somehow their own fault, otherwise why would it be happening all over again? But this is another myth that places the blame on the battered woman instead of the violent man. It is *not* that you have made another man angry with you for something you're doing wrong. What has usually happened is that your new partner has some of the same abusive characteristics or traits as your old partner. These traits are not easy to spot and may not be obvious to you. For instance, you may be attracted to a man who is protective. That particular characteristic, however, in an exaggerated form can be very hurtful. He may not let you out of the house or he may be extremely jealous—just like the batterer you left.

It is important to take a look at what attracted you to your new partner. Does he have similarities with your old partner? Does he have habits that might be used against you later on, such as treating you like a child, forbidding you to do certain things, wanting to know your every move, drinking excessively? Does he say things like, "There's no such thing as rape"; "Women stay with men who beat them because they like it"; or "Women can only be wives and mothers"? These kinds of remarks are warning signs of an abusive man that deserve your attention.

If you would like some help finding out more about yourself and how you can stop choosing men who are abusive, you can try therapy, counseling, or joining a support group for battered women. Counseling can help you identify areas within yourself that you need to change in order to steer clear of an abusive partner. It can include help with how to resolve conflicts productively and show you how to be assertive and not be pushed around and forced to do what you don't want to.

One thing you must do in your new life is never tolerate aggressive, violent behavior under any circumstances, anywhere. Violence has been condoned by society for ages. Violent pornography shows men, including boys, that it is all right — even erotic — to choke, whip, and hurt women. The women portrayed in this pornography look submissive and appear to enjoy the pain. Jokes about rape and battering teach that violence against women is not a serious matter, that it is something to laugh about. We don't have to pretend that these jokes are humorous and we *can* inform those who tell these jokes that there is nothing funny about domestic violence or sexual assault. It is time to expose these illusions that for so long have been accepted as reality. Men are not by nature, law, or birthright better than women, nor do they have the right to beat us, oppress us, or treat us like a piece of property. Because of your experience you are in a unique position to see this. You can change yourself, and even a piece of the world around you.

Teaching Your Children

In your own family you can start changes with your sons and daughters. In many families, boys quickly learn that their sisters are treated differently than they are. The boys are allowed more freedom of movement and expression; they usually go where they want and say what they want; they are not responsible for washing dishes or making the beds; they are the ones to be waited on. But housework does not make your son feminine, it teaches him that he has as much responsibility in the home as women do and that women have just as much right to do other things as he does. Knowing this may help him value the work that is done at home and appreciate his free time and that of others. When he is grown, perhaps he will take this example to his own home and help with the children and household duties so his family can function on an equal footing.

Girls need to know that their thoughts and dreams are attainable and important. It is as possible today for girls to become doctors and lawyers as it is for boys. In earlier times women were not usually employed in professional capacities, so educating the male children was emphasized. Today both men and women need to work outside the home; it is necessary for both girls and boys to be educated. There are many ways you can help to improve your daughter's future; insisting that she get a good education is just one.

When women have more power and therefore more influence in the world, then perhaps we will see fewer negative images of women that promote abuses like rape and domestic violence. Men will treat women with more dignity, equality and respect, and women will not settle for less. This day is not so far away, and someone like you can help to hasten its coming.

Living Without the Batterer

Becoming independent from the man who beats you will take time and is not an easy task. Even after you are living apart, you may run into him or his family. If you have children you may even see him regularly and know about his life away from you. It may take years before you feel completely on your own and free of him. Many men do not let go of a partner very easily. Some persist in harassing their ex-wife or former girlfriend with phone calls, threats, and damaged property.

Many men are not mature enough to admit that they cannot make a life with their partners. For them their wife or girlfriend is a piece of property that got away; therefore she should suffer for her disloyalty because she "belongs" to the man forever. This is why it is extremely important that you look out for yourself once you leave. Take all the possible precautions, such as having strong locks on your doors, gettting to know your neighbors, and obtaining legal protection if you think you need it.

Besides the practical ways to keep yourself safe, you also need to believe in yourself as a worthy and good human being to make things work out in a positive way for you. You deserve the good things in life and it is up to you to get them. It is time to start living, not merely existing. It does not matter how old you are, what you look like, or how smart you are. It doesn't matter how many years have slipped by, or how many times you've said yes when you should have said no. It is never too late to end your suffering and begin in a new direction. You deserve and can have a better life.

You are not the only woman going through hell or feeling lonely, and although there are many women like you, each one of you is of equal importance. It is time for you to go to school to learn English if that's what you've always wanted to do. You can look and apply for that job you think you'd like to have. It is time for you to have friends and a social life where you go to the movies, go out to eat, or go dancing. It is time for you to think of yourself, something that you may not have done in a long time. This may mean asking for help and support to gain the strength to live away from him. It is there if you reach out and let those around you know that you need help. Maybe the first person you ask will not listen, but keep trying. Don't be discouraged. The next person, whether it is a "comadre" or a counselor, may be the one to help see you through to that life you're looking for.

Chapter 10

A Word To Those Helping The Latina

If you are in a helping situation with a battered Latina you should familiarize yourself with the literature on domestic violence. These books can help you understand the magnitude of the problem and the psychological complexities of the men and women involved. At the end of *Mejor Sola Que Mal Acompañada* you will find a bibliography from which to choose some references.

Books on domestic violence that deal specifically with the Latina are extremely rare and books in Spanish are few and not readily available. Two worthwhile articles on domestic abuse and the Latina are "Domestic Violence: Crisis Intervention with the Hispanic Family" by Elizabeth J. Pokela ; and "Battering and the Chicana," prepared through the Centro Cultural Chicano, St. Cloud, Minnesota. Both of these are included in the bibliography. By getting an overview of the problem you will be in a better position to give your battered friend or client the support and guidance she needs and to gain the necessary patience to help her at her own pace.

Dealing with Discrimination

The Latina, like other women of color, suffers double discrimination, first for being female and living in a patriarchy within the U.S., and second for being of color and living in a white-dominated society. Within her own race and in the country of her ancestors she is also a second-class citizen; in that society educational and career opportunities are controlled by the men and she must assume the less powerful roles and positions, living in servitude to father, husband, and children. In the United States, within the movement of her own color that demands civil rights and equality, she also takes a back seat to the men. Issues of birth control, child care, domestic violence, sexual assault, education, and job training for women — to mention a few — are put on hold until the more "pressing" issues, those of the men, are won.

Helping a battered Latina will be a rewarding experience once she's safe and is going to stay safe, but getting there is a long and bumpy road. If you are fortunate enough to live in a city with bilingual services it will be less frustrating. It won't take you long to get in touch with a bilingual/bicultural counselor who has experience working with battered women and who can offer assistance immediately. If your city is like most, with few resources for Latinos and even fewer for the Latina, then prepare yourself. Battered women's projects, women's centers and crisis hotlines that consider the needs of the Puertorriqueña, Dominicana, Mexicana, Guatemalteca, Salvadoreña, Cubana, Chicana, etc., important enough to have bilingual/bicultural staff members are rare. We who are concerned should let social service agencies know that it is not only important to hire bilingual/bicultural staff members and recruit bilingual/bicultural volunteers, but it is *required* if all battered women are to be helped.

Looking for bilingual services is where most of your difficulties will lie. To provide her with more options you will need to know of bilingual counselors or therapists, bilingual police officers, and bilingual lawyers. This is not so much for language purposes (although that is extremely important) as it is to give her understanding and support in familiar and unthreatening terms, without the fear of discrimination, deportation, or miscommunication.

Latinas have little representation in political and economic arenas. We are not only denied equality by American society, but by our own Raza, by our own men. It is time that we demand and take the place we deserve, a seat beside them, with full voice and vote. Until we are recognized as true partners, we will not command the respect that is necessary to make rape and physical abuse a thing of the past. We will forever be denied all roles but that of virgin on a pedestal or woman of questionable virtue. Our traditions may be what make us such good women and loving mothers, but these same traditions also serve to keep us submissive to the point where a man can abuse us every day and we blame ourselves and continue to live with him. Let us have more "humanismo" and less "machismo."

Information For Non-Latinos

If you are not Latino and unfamiliar with Latinas, but ready to help, here is some information to aid your understanding. Let me begin with the terms Latino and Hispanic. These terms are used interchangeably to refer to people of Latin American heritage. Some Latin Americans prefer one over the other depending on their political perspective and assimilation. Latino and Hispanic are general terms used to group Spanish-speaking people who come from Mexico, Puerto Rico, the Dominican Republic, Cuba, Guatemala, Nicaragua, El Salvador, the rest of Central America and all the countries of South America. They also include generations who are born in the United States and call themselves Mexican- Americans, Chicanos, Cuban-Americans, and Nuyoricans, to name a few. All have different histories and cultural backgrounds, and even within a single country there exist different customs and regional dishes. In Mexico, for instance, each state has a different traditional dress, different native food and to an extent, speaks a different Spanish. It is very hard to generalize about a group as diverse as Latinos. Your best bet is to ask the woman you are helping what she considers herself, and not assume that she is a Chicana or a Mexican-American because she was born in the United States. Common elements do exist that make Latinos more alike than different. The Spanish language, the Catholic religion, and Latin music are strong forces that bring Latinos together.

Latino Culture

The Latino culture is a traditional one; in other words, it is a patriarchy with a long-established social system. Although women's roles are critical to the survival of the culture, women are relegated to the less powerful roles of wife and mother, and are often barred from being decision-makers or leaders. It is not socially acceptable to be divorced, be married several times, or remain single and have children out of wedlock. For these reasons it may take some time for the battered woman to consider the option of leaving her partner.

Problems are usually kept in the home. Counseling is received from a priest or another respected authority, and help from outside agencies is rarely sought. With so few bilingual services, the case could certainly be made for Latinos not seeking help outside the family because it is not available.

The authority and dignity of the family is respected. Individual needs often defer to family unity and strength. For the battered woman this often means tolerating abuse for the sake of family pride and preservation.

Latinos are not accustomed to revealing their feelings to outsiders. Emotional outbursts are seen as a sign of childishness or immaturity. To be an adult calls for control over one's emotions. The battered Latina may find it difficult to express herself at first or may not confide one hundred percent of what is going on. Be patient. It is best that you gain her confidence before you start questioning her. Because she is seeking help outside her family and because it is embarrassing for her to be involved in this problem, she may be reluctant to talk. Try talking about other domestic affairs, like her children. This will encourage her to talk but leave her the choice of revealing only as much of herself as she wants and is ready to. Your suggestions and advice will be respected more (and followed) if she gets to know you. Sometimes it is helpful to talk a bit about your own family and background. Details about her personal life are reserved for those she trusts.

Latinas have been socialized to uphold the status quo. Traditions are passed from generation to generation. To manipulate or ignore these is to show disrespect for one's elders and culture. This is why being divorced or separated is often seen as a last resort. It is not "natural" for a woman to be unmarried or live without her husband. Here the Latina is in a bind because although she is expected to live with a man and have a family, she is also criticized by her peers for tolerating physical abuse. Her decision to break away from her spouse goes against the norm; however, in time she will regain respect when it is known why she separated. An old Mexican saying tells women they are better off alone than in bad company: *Mejor sola que mal acompañada.*

Latinas often accept their destiny with resignation, accepting their family life as being the way God wants them to live.

They may feel the power to change is not in their hands and prefer to accept a bad situation rather than attempt to correct it because this can be seen as arrogance before God and the forces of nature. These are respected at all times. But you can tell the Latina you counsel that her destiny is not of sorrow, but of love and happiness if she follows her best instincts and honest desires. A life without violence is not contrary to her destiny nor to God's will; it is their fulfillment.

If You Are a Counselor

• Assure confidentiality. It is extremely important that she know you are not going to tell anyone what she has told you.
• Give her time to trust you and develop a rapport with you. She may be quiet and not assertive at first. Avoid using professional jargon; it tends to distance her from you.
• Just because she is asking for help does not mean she is ready to leave her partner. Getting free of an abusive relationship is a long process and will be more successful if each step is taken with her full approval and participation.
• It is important that she know in which ways you can help her BEFORE you inquire about her legal status. Explain the options for an undocumented woman too. She will then know that you haven't omitted something, told her half-truths, or discriminated against her because of her legality. It will also put her at ease, showing that your help is not based solely on her citizenship.
• Don't take for granted that she knows it is against the law to rape or batter women. Although she may know that it is not right, she may not know that women have a legal recourse if they are abused by their husbands or boyfriends.

This information gives a very general idea about Latino culture and is by no means definitive. What is mentioned applies to many battered Latinas, who are sometimes more traditional than Latinas who are not battered. It is best for you to take your cues from the individual woman. If you are uncertain about what she is ready for, ask her. She needs to know her strength. Respecting her opinion and honoring her decisions will help her rebuild her life.

You may disagree with her on certain decisions, such as talking to her husband, granting him custody, seeing him, or going back to him. It's possible that she will later regret those decisions that you disapproved of in the first place. Let her know that you are there to help her carry out what she chooses to do. You can tell her that although you don't always agree with her decisions or what she does, you support and respect her and are ready to help when she needs it.

Appendix

Basic Information About Injuries & First Aid

This section is NOT meant to teach you how to diagnose your own injuries. It is not here to show you how to treat yourself so you can avoid letting anyone know you are hurt. It IS meant to help you use basic first aid for yourself or your children in an emergency, to help you avoid certain common mistakes, and help you become a better judge of when an injury is serious so you will be sure to get medical attention.

Cuts, head injuries, broken bones, bruises and burns are injuries that are common to battered women. They are by no means all the injuries that can occur. The following information is here to teach you how to give your injuries immediate medical attention.

Cuts:

The first thing to do with any cut is STOP THE BLEEDING. This can be done in three steps:

a) use a bandage or compress like a piece of gauze to cover the wound

b) apply direct pressure by pressing down on the bandage with your hand

c) raise or elevate the wounded part (this makes it harder for blood to get to and flow out of the wound)

Sterile gauze, available at the drugstore or grocery store, is best to use. It is wise to keep sterile gauze in the house at all times. If you do not have gauze you may use a T-shirt, towel, pillow case; basically any CLEAN cloth available that isn't fuzzy. Do NOT USE cotton balls, kleenex tissues, toilet paper, or even paper towels. These stick to the wound and can be painful to remove.

If you use sterile gauze, remove it from the paper wrapper by one corner; do not touch the side you are going to apply to your cut. Put the bandage directly over your cut and press down very firmly — but DO NOT SQUEEZE. Hold it in this way for at least five minutes or until no fresh blood is spotting the bandage. If your bandage gets soaked, do not remove it; apply more gauze or another piece of cloth over it and continue pressing. If you get tired you can have someone else press for you, or keep the compress in place with adhesive tape.

If your arm or leg is cut, you can stop the bleeding in seconds by raising it while you apply direct pressure. You can put your leg up on pillows; your arm simply hold above your head. If your head is cut, sit down while you hold the bandage against it.

Important: If the bleeding does not slow or stop within two to three minutes, or is spurting out of the wound, call an ambulance immediately. A child or neighbor can do this while you hold the bandage against the wound.

How do you know if you need stitches? You will probably need stitches if your cut is anywhere on the skin where it stretches naturally, such as your eyebrow, chin, cheek, scalp, knuckle, elbow, knee. You will definitely need stitches if your cut is deep, or if the skin is very torn. It is best to have a doctor examine your wound to decide if stitches are necessary. An unstitched wound can heal leaving a large scar, and this can be ugly. Stitches help reduce scarring and lessen the chance of infection.

What about infection? If you do not have a doctor to take care of your wound, and if you do not keep it clean and change the bandage regularly, it may get infected. This can be very serious, and if you let it go, you may lose your limb, even your life. Bites that break the skin, puncture wounds from a knife or kitchen utensil are especially easy to get infected. But any cut will get infected without proper care. Here are the warning signs of infection:

- swelling
- redness
- a hot sensation
- throbbing pain in the wounded area
- fever
- pus either beneath the skin or draining from the wound
- red streaks under the skin leading from the wound

If you have any of these signs get medical attention right away.

Head injuries:

Blows to the head can have very serious consequences. A blow or bump can cause a concussion, blood clot, brain damage, or neck injury. Here are the signs you want to watch out for:

- dizziness
- blurry vision
- ringing in the ears
- loss of memory

- continuous headache
- blackouts
- blood in the nose and/or ears
- nausea or an upset stomach

If you experience one or more of these symptoms following a head injury, see a doctor IMMEDIATELY. Head injuries are serious.

Broken bones and bruises:

Bones can be broken without your knowing it. Fingers, toes, your ribs, your wrist, and even an arm or leg can break quite easily, not be too terribly painful, and then heal the wrong way if you don't get appropriate attention. Do not pretend not to notice your pain, or make light of it. See a doctor and make sure you haven't broken anything. Here are the signs of a possible broken bone:

- tenderness or hurting when you touch the area
- swelling
- bruising
- pain when moving the area or putting weight on it

Ribs are especially easy to break, and it's especially hard to know if they're broken. If you feel pain each time you breathe in, you may have a broken rib. Don't take any chances — see a doctor.

If you think you might have a broken bone: Put an ice pack on the swollen part. You can put ice in a plastic bag and wrap it in a towel or T-shirt. Only COLD will bring down the swelling. Once the swelling is down, you can soak your injury in warm water or use a warm blanket to help you heal. Never use HOT water. And don't use anything warm on your injury until the swelling is completely gone.

Burns:

Burns can also be more serious than they appear. There are three types of burns: first, second, and third degree. With first degree burns, the least serious, the skin turns red. With second degree burns, the skin blisters. With third degree, the most serious, the skin blisters and turns black. Large burns often include all three degrees. With any burn there is always the risk of infection. Even a small burn, from a cigarette for instance, needs immediate attention.

The best and only first aid for a burn is COLD WATER. Lots of it. DO NOT USE butter, oil, or ice. These remedies absolutely do NOT work. When you are burned, cooling the skin with water is the only thing that can help relieve the pain without causing further injury.

Burns are like open wounds and need special care, cleaning, and regular bandage changes. Do not let your burns go unseen by a doctor. But if you must, keep them clean and dry, and cover them with a clean piece of gauze until they have dried up and new skin develops.

Glossary Of Legal Terms

Alimony/Maintenance — Payments for support made under court order to a divorced person, usually the former wife by her ex-husband. It can also be given to legally separated spouses or to those whose marriage has been annulled. *(manutención)*

Arraignment — A hearing before a trial in which the person charged with a crime is told about the charges against him and his right to have a lawyer. *(denuncia; acusación)*

Bail — A sum of money from a suspect or defendant that is deposited with the court as a promise that if he is released, he will return to court. *(dar fianza; entregar en depósito)*

Bailiff — A court attendant who maintains order in a courtroom. *(guardia de la corte; ministril)*

Battering/Battery — The beating of another person, an assault, offense, attack, aggression. *(ser golpeada; agresión; atropello; violencia doméstica)*

Child Custody — Legal guardianship of children ordered by the court. *(custodia legal de los niños)*

Child Support — Money to support a child paid by one divorced parent to the parent who has custody of the child. Payment is determined by court order. *(mantenimiento para los niños)*

City Attorney — This lawyer represents the city and is the prosecutor for any violation of the city's criminal ordinances or laws. Some cities have District Attorneys instead of City Attorneys. *(fiscal; acusador público)*

Civil Proceeding — A court case that is not a criminal case. Examples include a divorce, a legal separation, or protection order. A private lawyer is usually used in civil court. Payment of damages may also be recovered. *(proceso civil)*

Criminal Proceeding — A court case where a crime against the state has been committed. Examples include murder, robbery, assault and battery. The victim of the crime is a witness to the wrongdoing. The City Attorney or District Attorney represents the people of the state in criminal cases. *(proceso criminal)*

Defendant — A person who is charged with a crime. *(acusado; demandado)*

Defense Attorney — The lawyer for the defendant. If the defendant cannot afford to hire his own attorney a Public Defender is paid by the state to represent him. *(abogado defensor)*

District Attorney — See City Attorney.

Divorce — A dissolution of a marriage by law. *(divorcio)*

Evidence — Objects or testimony that help prove either the victim's or the suspect's statements. *(evidencia; comprobante; pruebas)*

Fee Waiver — A document that excuses a person from paying the normally charged amount. *(dispensa de pago)*

Incident Report — A report written by the police after they respond to a domestic violence call. This report can also be written after a victim reports the incident to the police at a later time. *(reporte del incidente)*

Order of Protection — An order designed to prevent violence by one member of a household against another. The court may, depending on state law, order an abuser to move out of a residence shared with a victim, to stop abuse or contact with the victim, to enter a counseling program, or to pay support or lawyers' fees. The court may award child custody and visitation rights or may restrict the use of personal property. *(orden de protección)*

Parole — The conditional release of a prisoner before his term is completed. *(liberación condicional; libertad vigilada)*

Personal Recognizance — The release of an arrested person without bail on the promise that he will come back to court voluntarily. The release is based on his ties to the community, such as home ownership or a steady job. *(reconocimiento personal)*

Plaintiff — In civil law, the person who files the suit in court. The opposite of defendant. *(demandante)*

Plea Bargain — An agreement made by the prosecutor and defense attorney where the defendant agrees to plead guilty to a crime and the prosecutor agrees to recommend a specific sentence or to drop certain charges. *(petición para trato)*

Press Charges — To file a formal complaint saying that a person has committed a crime against you and you agree to be a witness for the state's case against him. *(acusación formal)*

Probable Cause — Sufficient reason to believe a crime was or will be committed. *(causa probable)*

Probation — Gives the defendant freedom under certain conditions. These conditions may require the defendant to perform or not perform certain actions. May be part of a sentence. *(libertad condicional)*

Proof of Service — A document given by the court stating that an order of protection or restraining order was delivered to the person doing the harassing or beating. *(prueba de entrega; comprobación)*

Prosecution — To bring criminal court action against a person believed to have committed a crime. *(prosecución; enjuiciamiento; proceso)*

Prosecutor — The lawyer who initiates and carries out a criminal proceeding. This lawyer could be the district attorney or city attorney. *(fiscal; acusador público)*

Rape — Sexual relations forced upon a person by violence or intimidation. *(violación; ultraje; asalto sexual)*

Restraining Order — See Protection Order.

Sexual Assault — See Rape.

Suspect — A person who is believed to have committed a crime. *(sospechoso)*

Temporary Restraining Order — See Protection Order.

Testimony — Statements made in court by a person under oath. *(testimonio; declaración)*

Bibliography/Bibliografía

Latinas and Battery/Latinas y La Violencia Doméstica

Centro Cultural Chicano. "Battering and the Chicana." St. Cloud, Minnesota, prepared under the Department of Corrections. Available through the Minnesota Migrant Council, P.O. Box 1271, St. Cloud, MN 56302.

Coalition de Grupos en Massachusetts Para Mujeres Maltratadas. "Mitos Acerca Del Maltrato." Massachusetts Coalition of Battered Women Service Group, 1980.

Pokela, Elizabeth J. "Domestic Violence: Crisis Intervention with the Hispanic Family." A paper presented to the Second Annual Conference on the Prevention and Treatment of Child Abuse and Neglect, September 1982. Available through the Minnesota Migrant Council, P.O. Box 1271, St. Cloud, MN 56302.

Latinas and Sexual Assault/Latinas y el Asalto Sexual

Boujouen, Norma. "El Asalto Sexual." Everywoman's Center, Wilder Hall, University of Massachusetts, Amherst, MA 01003.

Burgess and Holmstrom. "El Sindrome Del Trauma Del Asalto Sexual" and "Las Víctimas." Pamphlets from the Sexual Assault Crisis Service, YWCA, 135 Broad Street, Hartford, CT 06105.

Destito, Connie and Toni Darder. "The Latina Survivor." Los Angeles County Protocol on Rape & Sexual Assault, pp. 103-105.

East Los Angeles Rape Hotline. "El Encuentro Inesperado." A pamphlet from the East Los Angeles Rape Hotline, Inc., P.O. Box 63245, Los Angeles, CA 90063.

Everywoman's Center. "Respondiendo A Los Temores De La Víctima: Lo Que Necesita Saber, Lo Que Podemos Hacer." Information sheets from Everywoman's Center, Wilder Hall, University of Massachusetts, Amherst, MA 01003.

Garcia, C., C. Destito Guerro, I. Mendez, M. Mercado. "La Violación Sexual—The Reality of Rape." *Aegis Magazine*, March/April 1979, P. O. Box 21033, Washington, D.C. 20009.

Illinois Coalition Against Sexual Assault. "Violencia Contra La Mujer: No Existe Una Víctima Típica." A pamphlet from the Illinois Coalition Against Sexual Assault, 527 East Capitol, Suite 100, Springfield, IL 62701.

Los Angeles Commission on Assaults Against Women. "Sobreviviente." A pamphlet from the Los Angeles Commission on Assaults Against Women, 543 North Fairfax Avenue, Los Angeles, CA 90036.

National Hispanic Feminist Conference. "Rape Within the Hispanic Family Units." For publication under the Office of Education.

Personal Safety Program. "Curriculum Sobre Seguridad Personal: Prevención de Abuso Sexual de Niños." A personal safety curriculum on child sexual abuse for preschool through grade six, from Personal Safety Program, P.O. Box 763, Hadley, MA 01035.

Rammos, Maria S. "The Effects of Sexual Assault on the Mexican-American Woman, Her Family, and the Community." El Paso Center for Mental Health and Mental Retardation Services, Rape Crisis Program, El Paso, Texas.

Rodrigues de Alvarado, Mercedes. "Rape & Virginity Among the Puerto Rican Women." *Aegis Magazine*, March/April 1979, P. O. Box 21033, Washington, D.C. 20009.

Washington D.C. Rape Crisis Center. "Derechos Para La Víctima de Violación Sexual—Rights of Rape Victims." *Aegis Magazine*, November/December 1978.

Washington D.C. Rape Crisis Center. "Mitos Y Realidades en Torno a la Violación Sexual—Myths & Realities About Rape." *Aegis Magazine,* January/February 1979.

Racism/El Racismo

Landerman, Donna and Mary McAtlee. "Breaking the Racism Barrier: White Anti-Racism Work." *Aegis Magazine,* Winter 1982, P.O. Box 21033, Washington, D.C. 20009.

Martinez, Marion. "Cultural Diversity in Shelters." *Aegis Magazine,* March/April 1979.

McCornack Axtell, Cheyla. "Building An Outreach Program." *Aegis Magazine,* May/June 1979.

Pence, Ellen. "Racism—A White Issue." *Aegis Magazine,* March/April 1979.

Scott, Renae. "Race and the Shelter Movement." *Aegis Magazine,* July/August, 1978.

Counseling Theory and Leading Groups for Latinas/Teoría Para Terapia y Guiar Grupos Para Latinas

Acosta, Frank. "Ethnic Variables in Psychotherapy." *Chicano Psychology,* New York: Academic Press, 1977.

Alegria, Juana Armanda. *Psicología de Las Mexicanas.* Mexico: Editorial Simo, S.A. 1974. 187 pp., Spanish.

Castro, F. "Culture Distance and Success in Psychotherapy with Spanish-speaking Clients." *Chicano Psychology,* New York: Academic Press, 1977.

Fuller, J. "An Examination of the Effect of Cultural and Class Differences of Counselor and Client." Unpublished thesis: University of Texas at El Paso, 1976.

Martin Preciado, Patricia. *La Frontera Perspective: Providing Mental Health Services to Mexican-Americans.* La Frontera Center, Inc., 1979.

Senour Nieto, Maria. "Psychology of the Chicana." *Chicano Psychology.* New York: Academic Press, 1978. pp. 293-307.

Feminist Latina Theory/Teoría Feminista Latina

Gonzalez, Sylvia Alicia. "The Chicana Perspective: A Design for Self-Awareness." *The Chicanos: As We See Ourselves*. Tucson: University of Arizona Press, 1974, pp. 81-99.

Lizarraga, Sylvia S. "From a Woman to a Woman." Author attacks women's liberation movement for ignoring special needs of different ethnic working-class women. *Essays on La Mujer.* Rosaura Sanchez, ed., Los Angeles: UCLA, Chicano Studies Center Publications, 1977, pp 91-95.

Longeaux y Vasques, M.E. "The Mexican American Woman." In *Sisterhood is Powerful.* Robin Morgan, ed. New York: Vintage Books, 1970, pp. 379-84.

Lopez-Saenz, Lionila. "¡Machismo, No! ¡Igualdad Sí!" *La Luz,* Vol. 1, No.2, May 1972, pp. 19-20.

Lorenzana, Noemi. "La Chicana: Transcending the Old and Carving Out a New Life and Self-Image." *De Colores,* Vol. 2, No. 3, 1975.

Marquez, Evelina and Margarita Ramirez. "La Tarea de la Mujer es la Liberación." In *La Otra Cara de México: El Pueblo Chicano*. David R. Marcial, ed. Mexico, D.F.: Ediciones el Caballito, 1977, pp 173-81. In English, "Women's Task is to Gain Liberation" in *Essays on la Mujer.* Rosa Martinez Cruz. ed. Los Angeles: UCLA, Chicano Studies Center Publications, 1977, pp. 188-94.

Molina de Pick, Gracia. "Reflexiones Sobre el Feminismo y La Raza." *La Luz,* Vol. 1, No. 4. August 1972, 58. Spanish.

Moraga, Cherríe and Gloria Anzaldúa. *This Bridge Called My Back: Writings by Radical Women of Color.* New York: Kitchen Table: Women of Color Press, 1983.

Nieto, Consuelo. "The Chicana and the Women's Rights Movement." *La Luz,* Vol. 3, No. 6, September 1974.

Nieto Gomez, Ana. "Chicana Feminism." *Caracol,* Vol. 2, No. 5, January 1976, pp.3-5.

Valdes Fallis, Guadalupe. "The Liberated Chicana—A Struggle Against Tradition." *Women: A Journal of Liberation,* Vol. 3, No. 4 1974, pp. 20-21.

Books On Domestic Violence/Libros de la violencia doméstica

Dobash, R. Emerson and Russell Dobash. *Violence Against Wives: A Case Against the Patriarchy.* New York: Free Press (Macmillan), 1979.

Fleming, Jennifer Baker. *Stopping Wife Abuse: A Guide to the Emotional, Psychological, and Legal Implications for the Abused Woman and Those Helping Her.* New York: Anchor Press/Doubleday, 1979.

Martin, Del. *Battered Wives.* Revised edition. San Francisco: Volcano Press (Dept. B, 330 Ellis St., San Francisco, CA 94102), 1981.

McNulty, Faith. *The Burning Bed: The True Story of an Abused Wife.* New York: Bantam Books, 1981.

NiCarthy, Ginny. *Getting Free: A Handbook for Women in Abusive Relationships.* Seattle: Seal Press, 1982.

NiCarthy, Ginny, Karen Merriam and Sandra Coffman. *Talking It Out: A Guide to Groups for Abused Women.* Seattle: Seal Press, 1984.

Paris, Susan. *Mommy and Daddy Are Fighting* (a book for children about domestic violence). Seattle: Seal Press, 1985.

Roy, Maria, editor. *The Abusive Partner: An Analysis of Domestic Battering.* New York: Van Nostrand Reinhold, 1982.

Russell, Diana E. H. *Rape in Marriage.* New York: Macmillan Pub. Co., 1982.

Schechter, Susan. *Women and Male Violence: The Visions and Struggles of the Battered Women's Movement.* Boston: South End Press, 1982.

Straus, Murray A., Richard J. Gelles and Suzanne K. Steinmetz. *Behind Closed Doors: Violence in the American Family.* New York: Anchor Press/Doubleday, 1980.

Walker, Lenore E. *The Battered Woman.* New York: Harper & Row, 1979.

Warrior, Betsy. *Battered Women's Directory (eighth edition).* Cambridge: Betsy Warrior (46 Pleasant St., Cambridge, MA 02139), 1982.

White, Evelyn C. *Chain Chain Change: For Black Women Dealing with Physical and Emotional Abuse.* Seattle: Seal Press, 1985.

MYRNA M. ZAMBRANO, a graduate of Yale University, is the daughter of naturalized Mexican parents. She has worked as a counselor and advocate for battered women; she wrote and produced the "Rape Awareness and Prevention Program," a bilingual radio series; served as president of the San Diego Coordinating Council Against Sexual Assault; and directed that city's first bilingual/bicultural rape crisis program. She now works as a counselor, educator, and public speaker for battered Latinas.

MYRNA M. ZAMBRANO, graduada de la Universidad de Yale, es hija de padres mexicanos naturalizados. Ella ha trabajado como consejera para mujeres golpeadas; ella escribió y produjo el programa "El Asalto Sexual y Cómo Prevenirlo", una serie bilingüe para radio; sirvió como presidenta de la Alianza Coordinadora Contra El Asalto Sexual de San Diego; y dirigió el primer programa bilingüe/bicultural para mujeres violadas de esa ciudad. Ahora trabaja como una consejera, educadora, y oradora para las latinas golpeadas.

Other New Leaf Titles from Seal Press

Getting Free: You Can End Abuse and Take Back Your Life, 15th anniversary edition, by Ginny NiCarthy. $12.95, 1-878067-92-3. Also available on audiocassette: 60 minutes, $10.95, 0-931188-84-9.

You Can Be Free: An Easy-to-Read Handbook for Abused Women by Ginny NiCarthy and Sue Davidson. $10.95, 0-931188-68-7.

New Beginnings: A Creative Writing Guide for Women Who Have Left Abusive Partners by Sharon Doane, M.S.W. $10.95, 1-878067-78-8.

Dating Violence: Young Women in Danger, edited by Barrie Levy. $16.95. 1-878067-03-6. A comprehensive resource addressing the problem of teen dating violence.

In Love and In Danger: A Teen's Guide to Breaking Free of Abusive Relationships by Barrie Levy. $8.95, 1-878067-26-5. A book for teenagers about how to recognize abusive dating relationships and how to find help.

Naming the Violence: Speaking Out Against Lesbian Battering, edited by Kerry Lobel. $12.95, 0-931188-42-3.

Chain Chain Change: For Black Women in Abusive Relationships, expanded second edition, by Evelyn C. White. $8.95, 1-878067-60-5. Support and information for African-American women.

¡No Más! Guía para la mujer golpeada by Myrna Z. Zambrano. $5.95, 1-878067-50-8. A simplified version of *Mejor Sola Que Mal Acompañada,* written entirely in Spanish.

Mommy and Daddy Are Fighting: A Book for Children About Family Violence by Susan Paris. $8.95, 0-931188-33-4. Illustrated by Gail Labinski.

A Community Secret: For the Filipina in an Abusive Relationship by Jacqueline Agtuca, written in collaboration with the Asian Women's Shelter. $5.95, 1-878067-44-3. Written in easy-to-read English.

The Ones Who Got Away: Women Who Left Abusive Partners by Ginny NiCarthy. $12.95, 0-931188-49-0.

continued on next page

Talking It Out: A Guide to Groups for Abused Women by Ginny NiCarthy, Karen Merriam and Sandra Coffman. $12.95, 0-931188-24-5.

Crossing the Boundary: Black Women Survive Incest by Melba Wilson. $12.95, 1-878067-42-7.

The Obsidian Mirror: An Adult Healing from Incest by Louise M. Wisechild. $12.95, 1-878067-39-7.

Called to Account by M'Liss Switzer and Katherine Hale. $8.95, 0-931188-55-5.

Ordering Information

Individuals: You can order directly from us by calling our toll-free number, 1-800-754-7021.

Non-profit Organizations and Women's Shelters: Please call customer service at the number above for information about our quantity discounts.

To request a full listing of Seal Press titles, write to us at:
3131 Western Avenue, Suite 410
Seattle, Washington 98121
Phone (206) 283-7844
Orders only (800) 754-0271
Fax (206) 285-9410
Email: sealprss@scn.org

Visit our website at http://www.sealpress.com